もっと咲かせる

園芸「コツ」の科学

育てることがうれしくなる

岐阜県立国際園芸アカデミー前学長
上田善弘

講談社

はじめに

コツがわかれば、もっとたくさん咲かせられます。

植物はなぜ花を咲かせるのでしょうか。

花は子孫を残すための生殖用の器官です。植物を含め、生きものは、どうしたら自分と同じ種族を繁栄させられるかを考え、いろいろな工夫をして進化してきました。

一年の季節的なサイクルに合わせ、茎や葉を茂らせる栄養成長から生殖成長への転換を行い、花芽がつくられて開花します。子孫となる種子をつくるには、雄しべの花粉が雌しべに運ばれ（受粉）、受精しなければなりません。虫が花粉を運んでくれる虫媒花《ちゅうばいか》では、虫を惹《ひ》きつけるために、花を大きくカラフルに、さらには香りまで発散するようになりました。

花を観賞する植物では、この人を惹きつける鮮やかな生殖器官に注目し、花形を変化させたり、花色を豊富にし、模様もつけ、より美しく、香りも多様になるように品種改良を行ってきました。

花の研究分野、花き園芸学では、この美しい花を「どうしたら、うまく咲かせられるか」、「より美しく、観賞価値の高いものにできるか」が、永遠の研究テーマです。

果実を観賞、収穫するものでも、花が咲かなければ実はつかないので、花を咲かせることから始まります。どうして花が咲くのかその開花生理を解析し、それがわかることが、まず大切なことです。開花を決めている環境条件や体内生理をコントロールすることにより、開花時期を調節したり、花数を多くするような技術開発を行い、それらを花の生産へと応用してきました。

そのような花き園芸学で研究・開発されてきた「花を咲かせる」知識をできる限りかみくだいて、一般趣味家にもわかるようにしたいというのが、この本のねらいです。

本書は、7年前に出版された『園芸「コツ」の科学』をさらに発展させて、「花を咲かせるコツ」にテーマをしぼり執筆、作成しました。前著と併せてご愛読いただければ幸いです。

2020年3月
上田善弘

Q 花の役割と構造を教えてください。

A 花とは、子孫を残すために「葉」が進化した姿です。

人間にとって花は「愛《め》でる」ものですが、植物にとって花は「遺伝子を残す器官」です。

花の役割と構造を知るには、進化の過程でなぜ花が咲くようになったのかを理解するとよいでしょう。

太古の時代に海中で発生した生命の一部は植物に進化し、多様な遺伝子を残すために精子と卵子を交換するようになりました。あまたの時間をかけて藻類《そうるい》が生まれ、その中のグループが4億5千万年前頃、まだ動植物のいない地上へと進出しました。

しかし、藻類は水分の多いところでないと精子を他の個体に送り生殖できない（水媒花）ので、水辺から離れることができません。長い年月を経て、胞子で生殖するシダ類やコケ類が誕生しましたが、やはりシダ類も水分を多く必要とするため、内陸部にまではなかなか入り込めなかったのです。

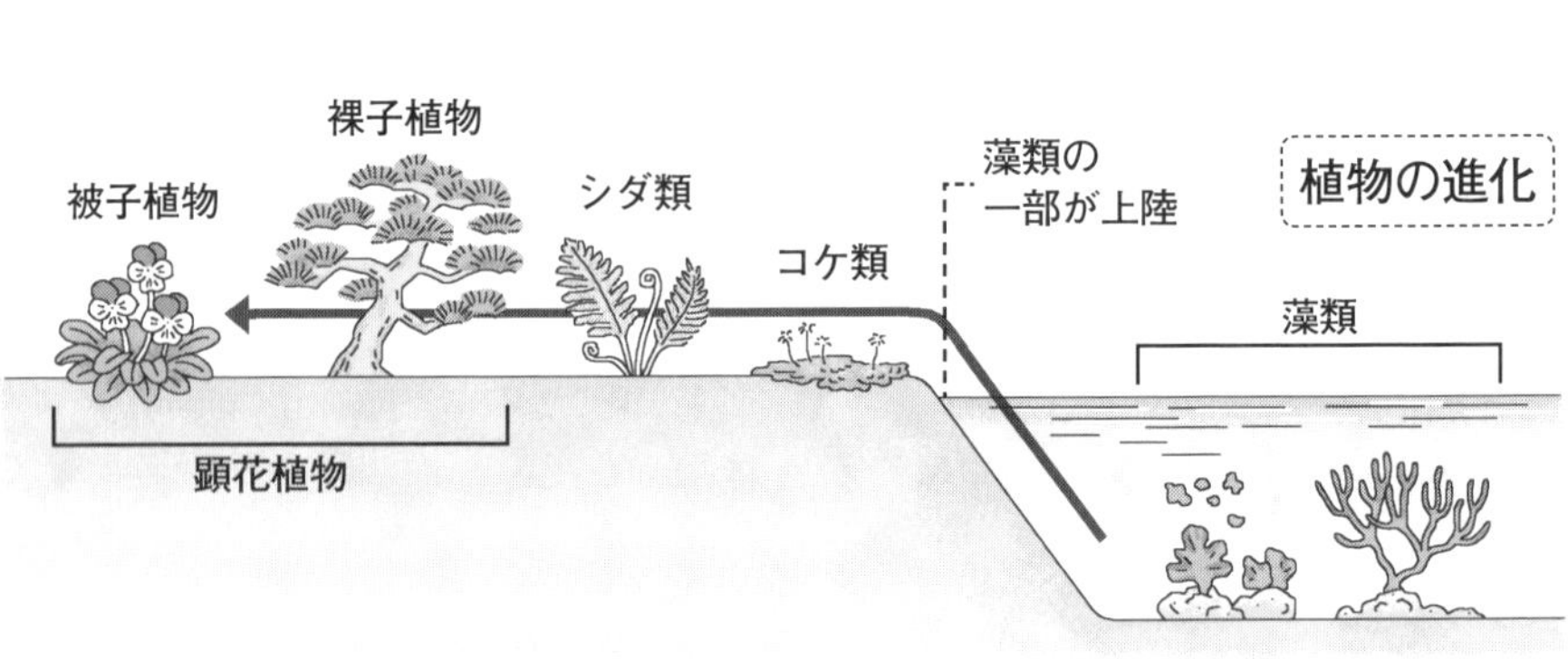
植物の進化
裸子植物
被子植物
シダ類
コケ類
藻類の
一部が上陸
藻類
顕花植物

花の基本構造

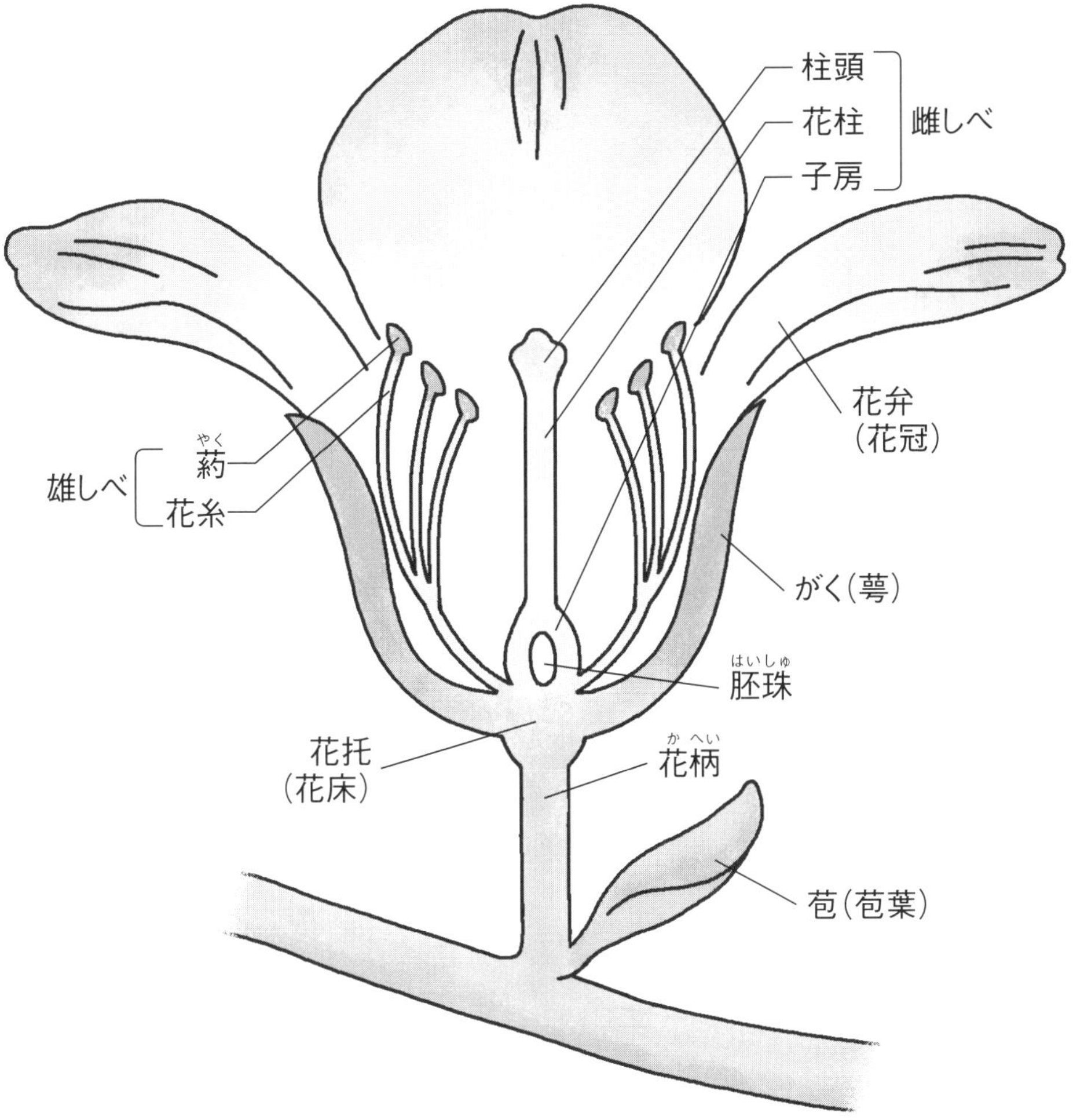

デルフィニウムの例

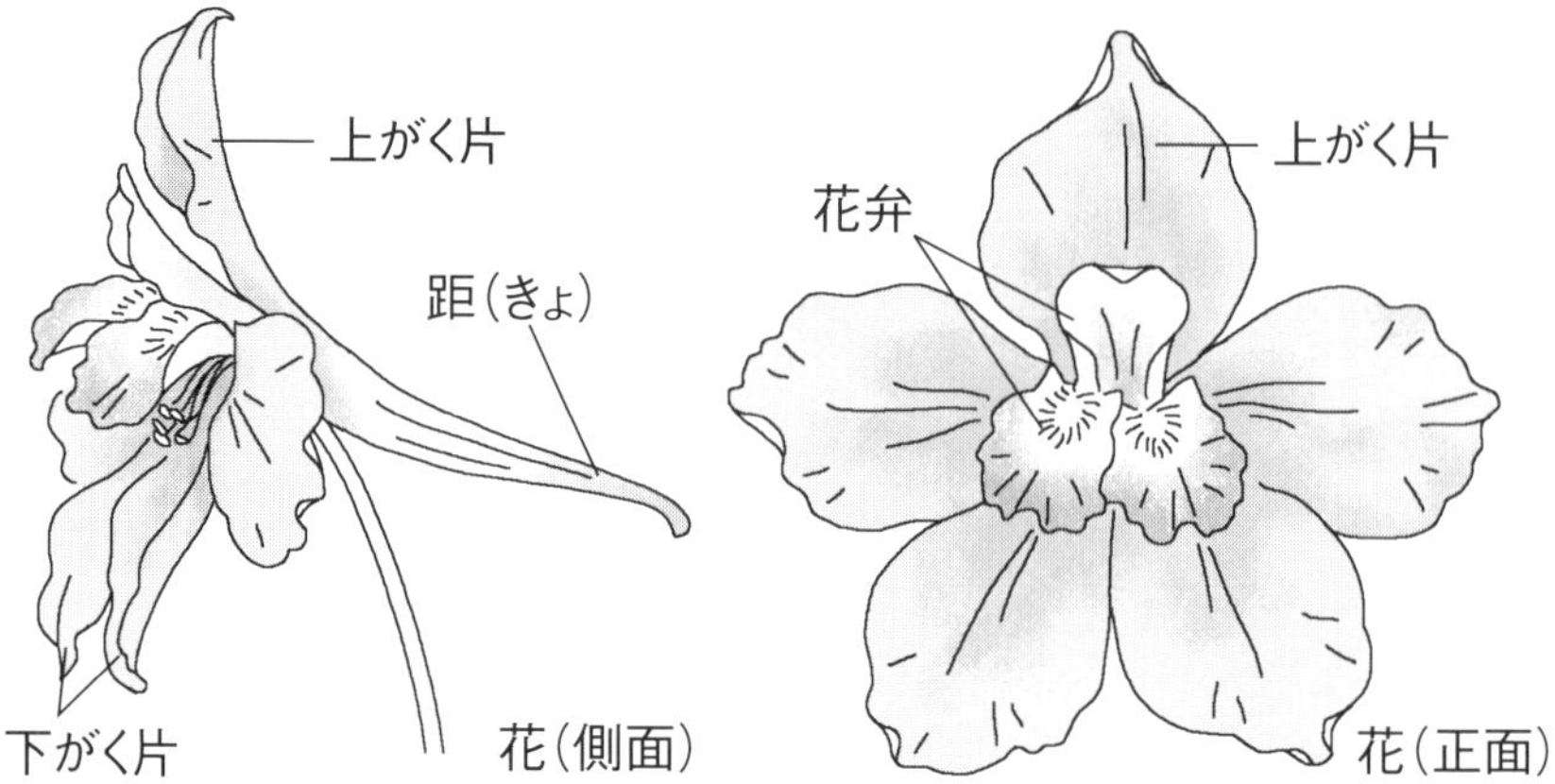

花の出現です

そこで、2億9千万年前頃、より乾燥に強い「裸子植物《らし》」が生まれました。種子をつくる花の出現です。花といっても、裸子植物はマツやスギなどの針葉樹、ソテツ、イチョウなどで、人間が美しいと感じる花が咲く植物ではありません。裸子植物は多様に進化して地上に広がっていきましたが、花粉を風で飛ばして受粉する（風媒花《ふうばいか》）ため、花粉を大量に放出しないと受粉しにくいという欠点がありました（現代の花粉症の原因）。

その欠点を補ったのが、1億3千万年前頃に出現した「被子植物《ひし》」です。裸子植物と被子植物を合わせて「顕花植物《けんか》」といい、高等植物に分類されます。種子となる花の中の器官、「胚珠《はいしゅ》」がむき出しになっているものが裸子植物、子房の中で保護されているものが被子植物です。保護されている分、乾燥に強くなります。そして被子植物は、花粉の仲介を他の生物に託すことにより、受粉の確率を高めました。

被子植物の進化は、地質時代の白亜紀（約1億4500万年前〜6600万年前）に飛躍的に進みました。白亜紀には昆虫も多様な進化をしています。つまり、被子植物は昆虫とともに共進化してきたのです。

ポインセチアの例

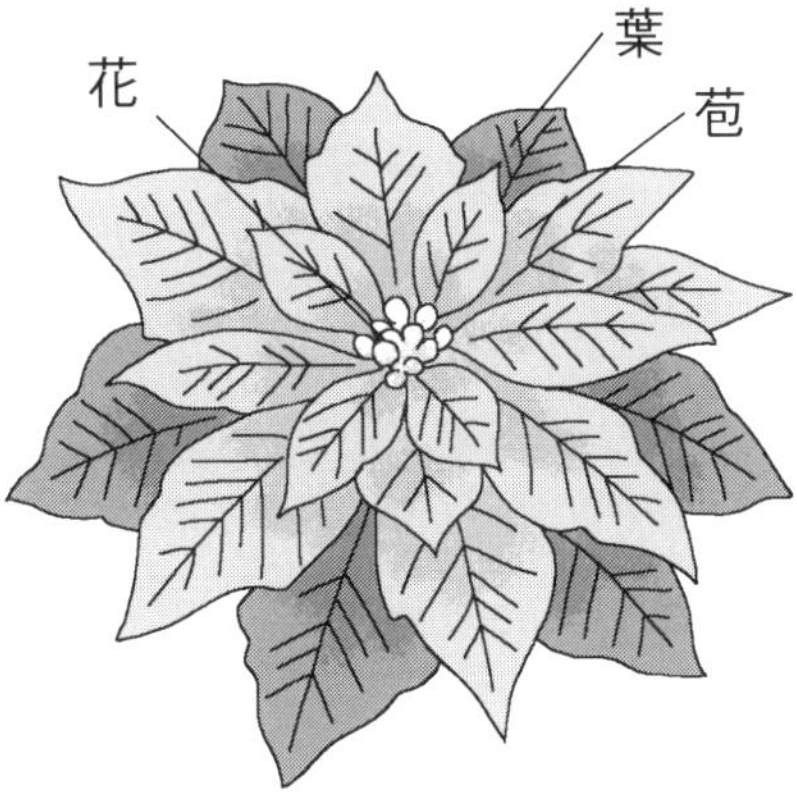

ヤマボウシの例

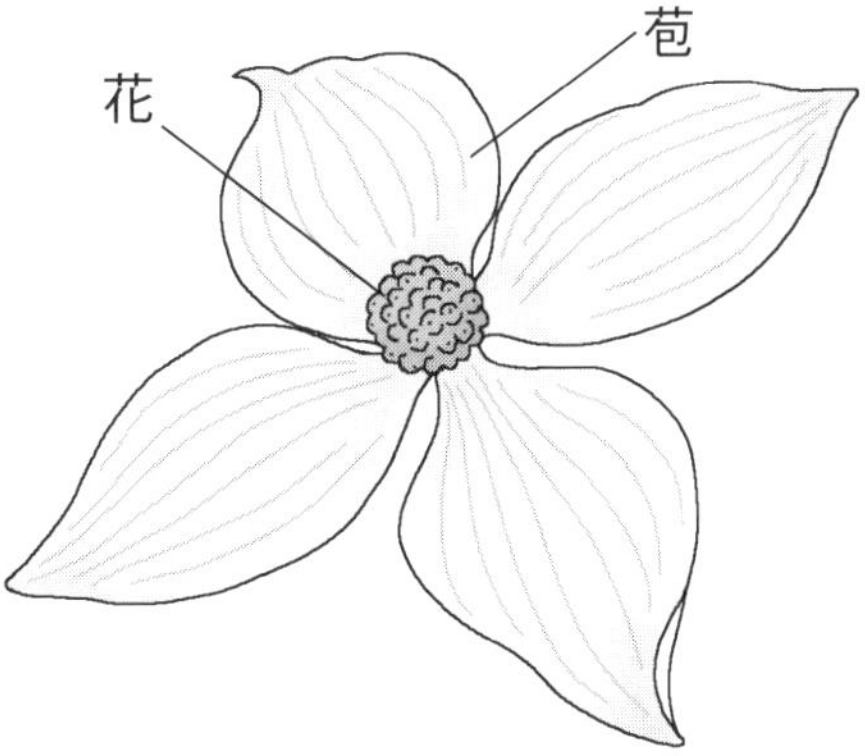

そのため、被子植物には昆虫により花粉が運ばれる「虫媒花」が多く、虫を惹きつけるための装飾が花になされています。虫に見つけてもらいやすいように花を大きくし、花色が華美多彩になりました。また、視覚的なことだけでなく、嗅覚にも訴えるように花に香りを付与しています。なお、陸上植物が出現して間もない4億8千万年前には原始的な昆虫が出現したといいます。

虫の他には、鳥が受粉に寄与しています。なお、花の中には自家受粉することで送粉を必要としない植物があります。逆に、近親交配を避けるため、自家受粉できない植物（自家不和合性）もあります。また、無性生殖（イモやランナーでふえる）する植物もあります。

✿花はもともと葉っぱだった

代表的な虫媒花の構造は、花の外周から苞、がく、花弁、雄しべ、雌しべの順になります。植物の種類によっては、どれかの器官がないもの（未発達）、ある器官の特徴を他の器官が代行しているものもあります。

例えば、苞がないもの、花弁よりがくが目立って花弁のように見えるもの、苞が発達して着色し、目立つものなどがあります。

クレマチスの例

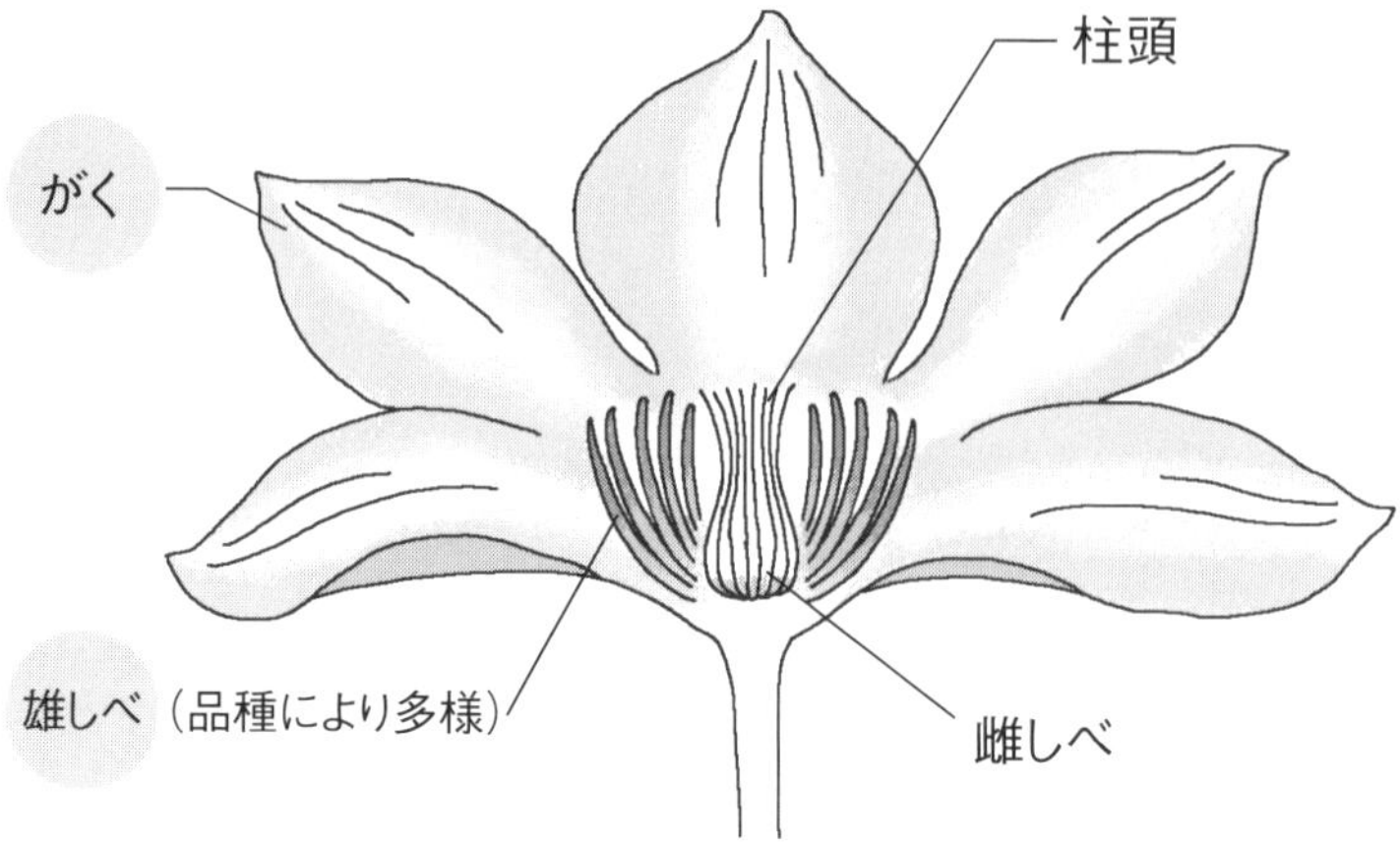

苞は花を保護する器官です。

もともと、どの花の器官も葉が変化したものです。

1本に見える雌しべは、何枚かの「心皮《しんぴ》」が癒合したものです。モクレン科やキンポウゲ科などの原始的な植物では、心皮の数が多く、癒合せず、1枚1枚がはっきりわかります。

雄しべは花糸と葯からなり、花粉は葯の中に入っています。雌しべは柱頭、花柱および子房からなり、柱頭の先端に花粉が運ばれると、そこから花粉が花柱内に花粉管を伸ばし、雄の生殖細胞が胚珠の中の卵細胞にまで運ばれ、受精が行われます。受精が成功すると、卵細胞が分裂し、胚（子ども）に、胚は幼芽、子葉、幼根から構成される幼植物体と発達し、胚乳に覆われ、その外側に種皮ができます。このようにして種子が完成します。

これらの花の器官のでき方は遺伝的にコントロールされており、「ABCモデル（花の各器官の形成過程を発生遺伝学の観点からモデル化したもの」として知られています（81ページ参照）。

花の役割

花の役割は、種子をつくり子孫をふやすことです。そのためには虫や鳥に花粉を運んだり受粉してもらわなければなりません。

花に飛来するチョウ

ハナトラノオに飛来する、アゲハチョウの仲間のキアゲハ。ハナトラノオはチョウがよく飛来する植物の一つ。他にもブッドレアなどが「チョウを呼ぶ花」として知られている。

花は花粉の運び手（ポリネーター）にアピールするために、他の植物と差別化を図り、さまざまに進化してきました。**花の大きさや形、色、咲く時間が異なるのは、それぞれの植物の生存戦略の結果なのです。**

花の仕組みを知って、たくさん花を咲かせましょう。

Contents

Chapter 2
樹木の花をもっと咲かせるコツ

Chapter 3
人気のバラ、クレマチス、クリスマスローズをもっと咲かせるコツ

Chapter 4
多肉植物・観葉植物の花をもっと咲かせるコツ

Chapter 5

ランの花をもっと咲かせるコツ

［本書について］
・本書の栽培データや作業などは、関東以西の太平洋側平野部の気候が基準です。実際には気候、環境、栽培条件、個体差などにより栽培結果が異なることがあります。
・植物名は、一般によく使われている表記を採用し、語と語の間に・を入れました。品種名は原則・・でくくっていますが、煩雑さを避けるために、省略していることがあります。

参考文献

『アーバンガーデニング』（花葉会編　講談社）、『ガーデンライフ別冊　図解　季節の花しごと』（神田敬二　誠文堂新光社）、『別冊NHK趣味の園芸　ナチュラルガーデンをつくる宿根草』（小黒晃監修　NHK出版）、『別冊NHK趣味の園芸　バラ大図鑑』（上田善弘・河合伸志監修 NHK出版）、『農学基礎セミナー　新版　草花栽培の基礎』（樋口春三編 農文協）、『農学基礎シリーズ　花卉園芸学の基礎』（腰岡政二編　農文協）、『施肥の基礎と応用』（長谷川杢治　農文協）、『作物栄養の基礎知識　養分の吸収と生長』（高橋英一　農文協）、『色分け花図鑑　クレマチス』（杉本公造著　学研）、『花を咲かせるものは何か　花成ホルモンを求めて』（瀧本敦　中公新書）、『使ってみたい　ガーデンプランツ』（安藤正彦　グリーン情報）、『達人に学ぶはじめての　バラ・クリスマスローズ・クレマチス』（小山内健・野々口稔・金子明人　講談社）、『これでうまくいく　よく育つ多肉植物　BOOK』（鶴仙園・靍岡秀明　主婦の友社）、『小さくても素敵な花壇づくり』（天野麻里絵　講談社）、『くらしの花大図鑑』（講談社）、『園芸「コツ」の科学』（上田善弘　講談社）、『花卉園芸大百科』（農文協）、『はじめての花木・庭木』（主婦の友社）、『NHK趣味の園芸　クリスマスローズ』（石原記念男　NHK出版）、『図解　庭木の手入れ　コツのコツ』（船越亮二　農文協）、『庭木ー2　花を楽しむ』（主婦と生活社）、『はじめての球根・宿根草』（新星出版社）、『日本野生植物　木本Ⅰ、Ⅱ』（佐竹義輔・原寛編　平凡社）、『球根類の開花調節　50種類の基本と実際』（今西英雄　農文協）、『失敗しない観葉植物の育て方』（山方政樹　西東社）、『これならわかる　洋ランの咲かせ方』（江尻光一　家の光協会）　他

Chapter 1

草花・球根をもっと咲かせるコツ

スカシユリ

（初級）✿✿✿

花はどうして咲くのでしょうか？花が咲く仕組みを教えてください。

ここがコツ！

いくつかの条件がそろうことで、花が咲きます。

花が咲くためには、いくつかの条件のすべて、またはどれかが整わなければなりません。

植物の開花条件について見ていきましょう。

①加齢（エイジング）が必要

英語で「エイジング（aging）」といい、「age（年齢）」の動名詞で、「年齢を重ねる、年をとる」ということです。**結論からいうと年をとらなければ花は咲きませんよという意味です。**人に子どもができるようになるには、体が成熟しなければならないのと同じことです。

「桃栗3年、柿8年」といいます。これはタネ（種子）をまいて発芽してから花が咲くまでに、モモとクリでは3年、カキでは8年かかるということです。カキはモモやクリよりも実がつくまで年数が多くかかるのです。よく育っていても、子孫を残せるようになる（成熟し花をつけるようになる）のに最低でもこのくらいの期間が必要だということです。このことを専門的には齢を加えると書き、「加齢」といいます。最近は加齢臭という言葉でもよく使われています。

ただ、人でも早く大人っぽくなる人といつまでも幼く見える人がいるように、**成熟までの期間は、同じ種類の植物でも個体によって異なります。**

②養分バランスが大切

①で取り上げた「加齢」は植物体の体内養分バランスとも関係があり、専門的にはC／N比という値がよく用いられます。

これは、植物体内の炭素（C）と窒素（N）の成分

〖花が咲き、実がなるまでの目安〗

比率を表し、C/N比が高いということは窒素より炭素が多く植物体に含まれるということになります。**一般にC/N比が高い（炭素含有量が多い）と生殖成長（花を咲かせる成長）に向かい、C/N比が低い（窒素含有量が多い）と栄養成長（茎、葉が茂る成長）が促進されます。**

③日長（日の長さ）が関係する

植物が開花するには環境条件が大きく左右しますが、その中でも日長は大きな開花要因です。17ページの図を参照してください。地球は太陽の周りを北極側から見て反時計回り（左回り）に公転しています。さらに、地球そのものはこの公転面に立てた垂直な軸から23.4度傾いた状態で北極星から見て反時計回りに自転しています。このように傾いた状態で自転しながら太陽の周りを公転しているので、四季の変化とともに日長（日の長さ）が変わるのです。冬至の頃は南半球側に太陽の光が長く差すので、北半球側では日が短くなり、春分と秋分では昼夜の時間が同じに、夏至には北半球側に光が長く差し、日が長くなります。

このような一年を通した日長の変化に適応して植物は生きてきたので、それに合わせてさまざまな開花特性を備えているのです。植物がこのように日長の変化を感じて季節を判断し、開花時期を決める反応を光周性または日長感応性といいます。この反応の仕方により、**日が長くなると開花する長日植物、日が短くなると開花する短日植物、日の長さの変化に関係なく開花する中性植物の３つに大きく分けられます。**

④日照も大切な要素

花を咲かせるにはエネルギーをたくさん必要とします。光が足りず、十分な光合成が行われないとつぼみができなかったり、つぼみはできても開花までに至らないことがあります。また、通常の生育とも関連していますが、**強い光のもとで生育する陽性植物と強い光を必要としない陰性植物があります。**

⑤適度な温度が必要

植物は自生地の気温変動に応じて進化・適応をしてきているので、気温の変化に合わせて生育をコントロールしています。**温度が、栄養成長から生殖成長への変化に関わっていることがよく知られています。つまり、低温や高温が開花を左右することがあります。**

花が咲かないのは、以上の要素のうち、何らかの条件を満たしていないためです。まずは、これらの条件に当てはまっているかどうか、確認しましょう。

まとめ

1. 加齢（エイジング）が必要
2. 養分バランスが大切
3. 日長（日の長さ）が関係する
4. 日照も大切な要素
5. 適度な温度が必要

〘 地球の公転と自転 〙

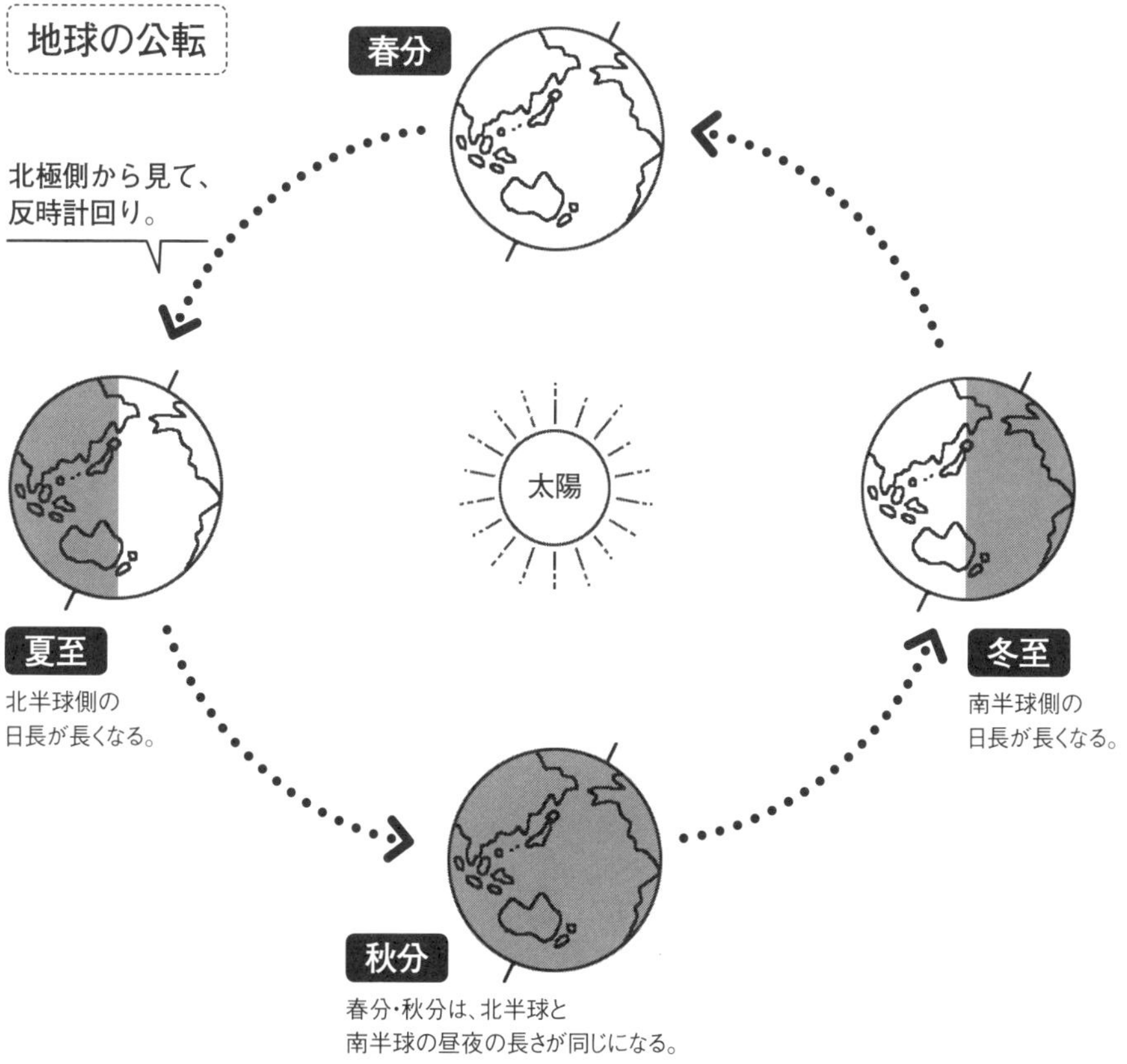
地球の公転
春分
北極側から見て、
反時計回り。
太陽
夏至
北半球側の
日長が長くなる。
冬至
南半球側の
日長が長くなる。
秋分
春分・秋分は、北半球と
南半球の昼夜の長さが同じになる。

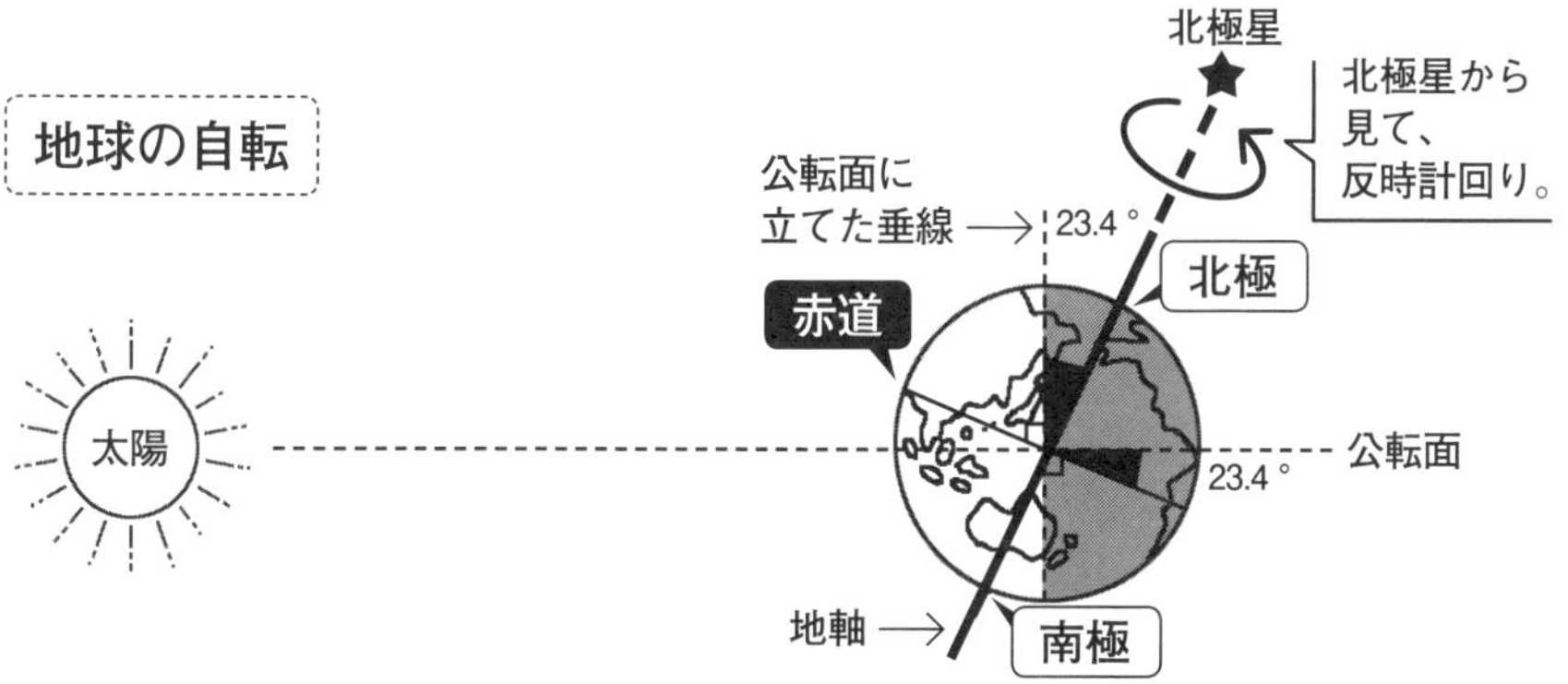
地球の自転
北極星
北極星から
見て、
反時計回り。
公転面に
立てた垂線
23.4°
北極
赤道
太陽
公転面
23.4°
地軸
南極

（中級）✿✿✿

花をたくさん咲かせる方法はありますか？

ここがコツ！

花つきをよくするには、いろいろな方法があります。

日当たり、温度、肥料、日長などを、育てる植物に合わせて調節します。

花をたくさん咲かせたいなら、まず、花芽の数をふやさなければなりません。多くの花芽は茎の先端につくので、茎の数がふえるような栽培管理が必要です。

花がたくさん咲く株にするには、植物が大きく生育するように育てます。肥料は窒素過多に気をつけてバランスよく、リン酸を多めに与えます。

日長の変化により開花する植物は、その植物の日長感応性に合わせた環境で管理します。短日植物を室内(居間のようなところで）で管理すると、長日条件に置かれているのと同じ条件になるため、開花しません。

気温の変化、または特定の温度にあうと花芽ができる植物では、それに合わせた温度に調整します。

また、花を咲かせたり果実を実らせたりするにはかなりのエネルギーを必要とするため、光合成により養分を蓄えておく必要があります。できるだけ日照条件のよいところで植物を栽培しましょう。

花き生産の現場で用いられている、代表的な花芽をつける方法をお教えします。

①春化

耐寒性一年草、宿根草、秋植え球根の多くは、冬の低温にあってから花芽分化し、開花する性質をもっています。**そのため、低温処理を行って、花芽分化、開花を早くさせることができます。**このことを「春化（バーナリゼーション）」といい、低温処理が終わってから

低温処理をして冬にチューリップを咲かせる

アイスチューリップ

アイスチューリップは、ポット植えされた球根を一定期間冷蔵して寒さにあて、芽出し苗の状態で販売されている。

雪が降っても、開花している。寒い時期に咲くので、春なら数日しか花がもたないところ、1ヵ月ほど花が楽しめる。

アイスチューリップを使った寄せ植え。11月頃植えつけると、1月から1ヵ月くらい、開花が続く。

花芽分化が始まります。

春化の有効な温度範囲は、−5～15℃で、最も効果的な温度は3～8℃です。春化には、スイートピーやスターチス・シヌアータなど、一年草のタネの発芽が始まるときに低温に感応する「種子春化型」と、植物体がある程度大きくなってから低温に感応する「緑植物春化型」とがあります。

チューリップ、ヒアシンス、スイセンなどの球根は、開花が終わり、茎葉が枯れる頃には、花芽分化が始まり、秋の植えつけ頃には、球根の内部に花芽が完成して、開花の準備が整います。この後、冬の低温にあうことにより、正常な出蕾、開花となります。モモ、ユキヤナギ、レンギョウなどの花木も同様の性質をもっています。宿根草では、冬越しして残った地下部や芽が低温にあってから、花芽分化が可能となります。

②温度管理

夏の高温期に標高の高い涼しいところへ植物を移動し管理し、平地が涼しくなってから山から下ろして花を咲かせ仕立てる方法を「山上げ栽培」といい、プロの栽培農家が行っています。**シンビジウムやデンドロビウムなどのランでは、花芽分化ができるように成熟（充実）した株を、花芽分化の誘導をさせるために山上げ栽培が行われています。**コチョウランでは、昼温22～25℃、夜温18～20℃で花芽を形成するので、出荷する3～4ヵ月前から冷房を行い栽培されています。

③日長処理

日長処理により開花時期を制御し、栽培、出荷されている代表的な花がキクです。キクは本来、短日植物で、日長が短くなると花芽分化を開始します。そのため、**早く咲かせるためにシルバーフィルムなどで、暗黒条件を人工的につくり、早く開花させたり、逆に夜間に電照して明るくすることにより長日条件をつくって開花を遅らせます（電照栽培）。**切り花キクの生産現場では、このようにして切り花の出荷調整が行われています。

④植物成長調節剤

花の生産現場では、植物の成長過程を制御するため、さまざまな植物成長調節剤が使用されています。代表的なものとして、植物の休眠を打破するために、低温の代替作用のあるジベレリンが使われています。球根類、ツツジ類やアジサイなどの多くの花木類の休眠打破、キク、ミヤコワスレのロゼット（植物の成長に不適な気温に遭遇し、成長が停止、特に茎の伸長が止まって根出葉が地表近くに放射状に広がり、バラの花形のようになること）打破、などに使われています。

このように休眠から解放し、成長を進め、開花を早めることができます。また、わい化剤（植物の成長を抑制する薬剤）は、シャクナゲのような花木の成熟を促進し、花芽数をふやすのに使用されています。

老化ホルモンの一つであるエチレンの発生を促進するエスレルの希釈液を葉面散布または葉筒注入することにより（植物成長調節剤エスレルは植物に吸収されると植物体内でエチレンに変わる）、観賞用アナナス類（パイナップル科の植物）の開花が促進されます。エチレンガスと同様にアセチレンガスでも同様の効果があり、カーバイドの小片を、水をためたアナナス類の葉筒内に投入すると、水に反応してアセチレンガスが発生し、開花が促進されます。

開花をケミカルコントロールする

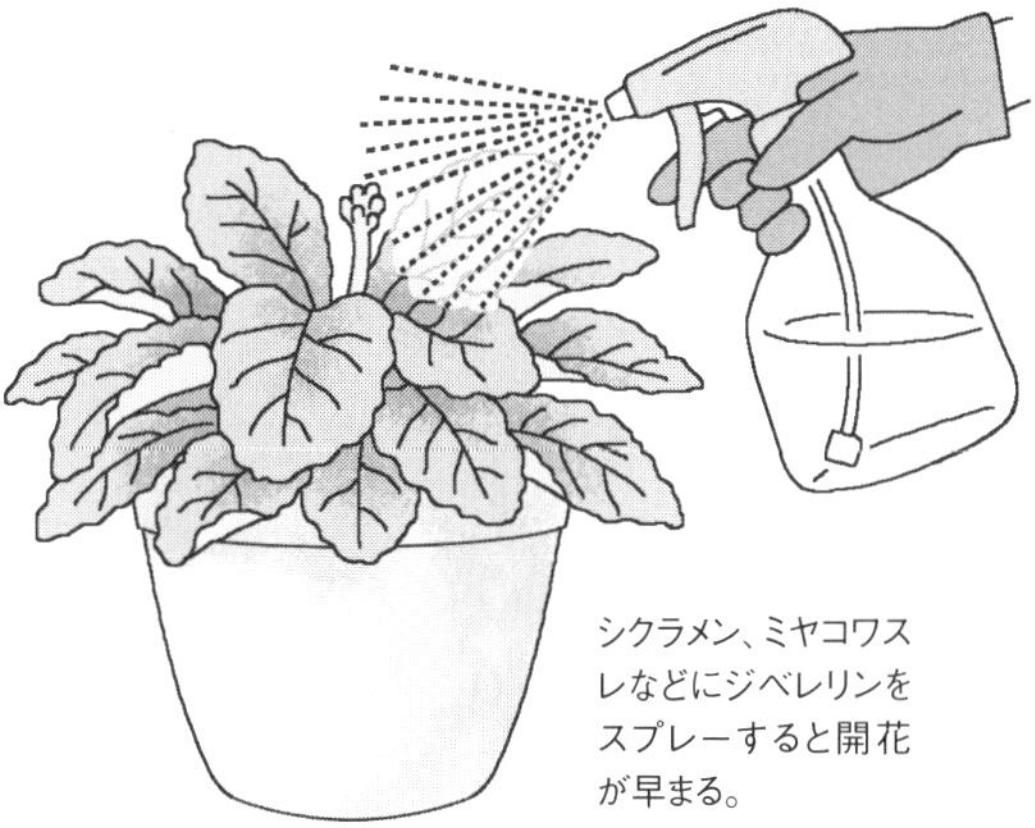

シクラメン、ミヤコワスレなどにジベレリンをスプレーすると開花が早まる。

開花を促進する薬品

ジベレリン

エスレル

長日処理に向く植物

アスター、カスミソウ、キンギョソウ、キンセンカ、スイートピー、ルドベキア、ロベリアなど。

9月頃にタネまきするか、秋に挿し木をした苗を使う。時期は1～3月まで。

長日処理の方法

日中は日なたに置き、夕方から夜10時頃までは室内の照明を当て、昼の時間を長くすると、自然開花よりも約1ヵ月早く開花する。

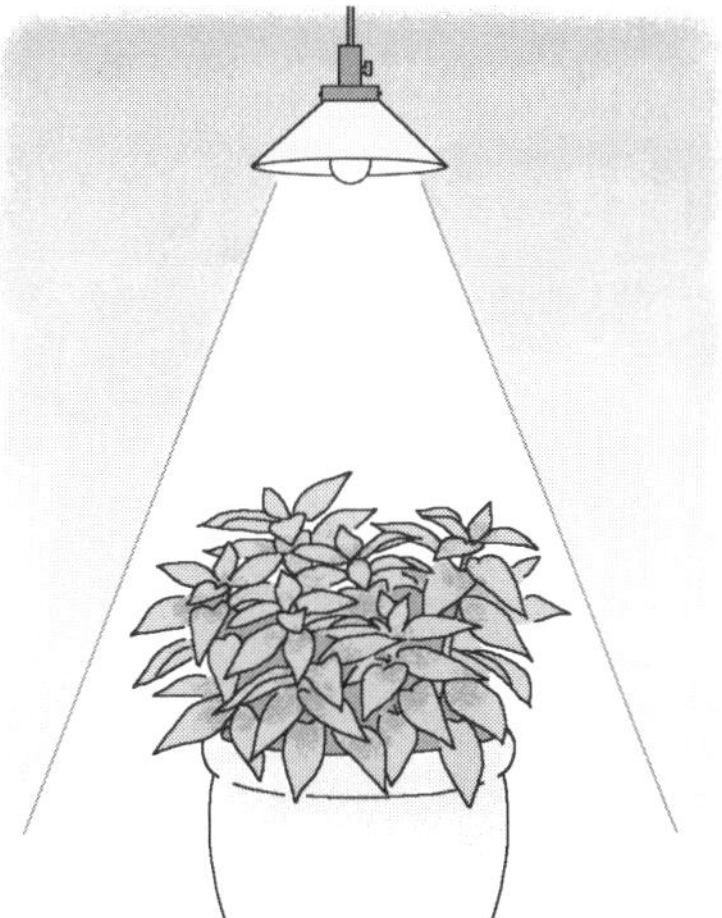

長日処理を行うと株が徒長しやすくなるため、日中はよく日に当てる。

置き場所で花つきが変わりますか？

（初級）✿✿✿

ここがコツ！

室内では花が咲かないことがあります。

植物の生育に合わせて、置き場所や日照を調節します。

植物は光のエネルギーを利用し、炭酸ガスと水から炭水化物と酸素を生産する光合成を行います。ここで生産された炭水化物が花芽を形成することに利用されます。植物が植栽されている場所や鉢植えが置かれている場所に光が十分差さないときは、炭水化物の生産量が足りず、花芽をつくるほうに回りません。従って、花つきも悪くなります。そのため、**花つきをよくするために、日当たりのよい場所に移植したり、日当たりのよい窓辺に鉢を移動します。**

日の長さの変化で開花する植物においては、人が生活する室内では、なかなか開花しない場合があります。

例えば、短日植物のポインセチアでは、日が短くなると花芽がつき、その周囲の苞葉が赤く色づいてきます。ところが、ポインセチアの鉢植えを一般的な室内で栽培しているといつまで経っても苞葉が色づいてきません。

なぜなら、室内は夜間遅くまで照明されており、ポインセチアの開花に必要な短日が得られないからです。花を咲かせるためには、夕方から暗黒になるよう光が遮断できる袋をかけるか、暗い部屋へ移動します。同様に短日植物であるキクも秋に咲かせるためには、同様の処理が必要です。

逆に日が長くなると開花する長日性の植物では、早く咲かせるために、夕方から夜間に照明されている空間（室内）に植物を持ち込むことが必要になります。

ポインセチアの短日処理

ポインセチアの赤くなるところは花ではなく、苞葉。短日処理をすると赤く色づく。

植物の開花に温度が関わる場合のうち、低温が影響する植物があります。例えば、ストックではある一定の温度以下の低温に何日かあわないと花芽ができず、開花しません（約15℃以下）。また、実際の栽培でも、晩秋後の気温低下で花芽ができようとしていたものが、気候変化により気温が上昇してくる場合があります。そのような気温上昇が起こると、花芽分化が進まず、葉芽に逆戻りしてしまいます。デンドロビウム（ノビル系）も低温にあうことにより花芽ができます（花芽分化の適温は13℃前後）。そのため、デンドロビウムを冬に向け室内に取り込む場合、十分な低温にあわせてから入室します。

〘短日処理の方法〙

日中は日当たりがよい場所に置き、午後5時から翌朝9時頃までダンボールをすっぽりかぶせて真っ暗な夜と同じ状態にし、夜の時間を長くする。つぼみが見え始めるまで続けること。通常よりも30～50日早く花（苞）が楽しめる。

短日処理に向く植物

前年に開花した株から挿し木をした苗を、短日処理をする期間。

ポインセチア	9～10月中旬
秋ギク	4～8月
カランコエ	9～10月中旬
シャコバサボテン	9～10月中旬

（初級）

同じ植物でも花つきのよい品種があるのですか？

ここがコツ！

品種によって花つきが異なります。

あらかじめ花つきがよい品種を選び植えます。

多くの植物では開花は日長条件や温度などの植物が育つ外部環境によりスイッチが入ったり外れたりします。草花は、これらの外部環境に左右されず、いつでも花が咲くように品種改良されてきています。例えば、ベゴニア・センパフローレンス。ベゴニアは、ブラジル原産の植物で、一年のある時期にしか咲かない（一季咲き）植物でしたが、品種改良により、春から秋まで咲き続ける四季咲きの植物に改良されました。名前もそのことを表すセンパフローレンス（四季咲き）となりました。バラでも、野生のバラは春から初夏に一度だけ咲く一季咲きでしたが、中国の栽培バラで発現した四季咲き性のバラがヨーロッパに導入され、現在見られる春から秋まで咲き続ける四季咲き性の現代バラが育成されました。

コスモスやマリーゴールドは赤道に近い低緯度のメキシコの植物です。メキシコは高緯度の日本から見ると夏の日の長さが短く、コスモスやマリーゴールドは日が短くならないと花が咲かない短日植物なのです。このような短日植物を日長への感受性が鈍感になるように、花の育種家は改良を重ねてきました。そして、どんな日の長さでも開花するような品種ができたのです。逆にパンジーやペチュニアは、比較的緯度が高いところ（パンジーの故郷はヨーロッパ、ペチュニアの故郷はブラジル南部からアルゼンチン）を原産地とする、日が長くならないと開花しない植物でした。これらの植物も日長への感受性が鈍感になるよう改良されてきました。かつて、パンジーは春の草花でしたが、今は秋から冬、春と開花期の長い草花になりました。

品種改良をする「育種」はタネ（種子）をまくことから始まります。タネをまくとその実生にはいろいろなタイプの子孫が現れてきます。その中から、早く咲いてくるものを選び、その個体を残し、それにまた、交配を繰り返すと、次第に日が短くなったり、長くならなくても開花する個体が出てきます。それらの中から花色や花形、生育型がそろっていて丈夫なものを「品種」として、育種家は世の中に公表していきます。

以上のように、**草花は常に長く開花し、花がたくさん咲くように改良されてきています。**草花を栽培していると、できる限り華やかで長く咲いていてほしいものです。そのような品種を選びましょう。

〚よく咲くようになった草花の例〛

ベゴニア・センパフローレンス

元は一季咲きだが、春から晩秋まで咲くように改良された。

パンジー‘デルフト’

かつての春の花パンジーが、現在では秋から販売されている。

（初級）

多花性の一年草を教えてください。

ここがコツ！

種苗会社のカタログに「多花性」と表示されているものを選びます。

30ページを参考に、多花性の品種を選びましょう。

主にここでは花壇植栽用の一年生草花を取り上げますが、宿根草（多年草）でも、暑さに弱かったり、寒さに弱かったりと植えっぱなしでは枯れてしまうものは「一年草扱い」とされています。

春は、秋から咲き続くビオラやパンジーが何といっても花壇の主役となります。この仲間は、もともと春咲きだったものが、品種改良により、日長感応性が長日性から日の長さに鈍感な中日性になるよう改良されてきました。そのため、秋に植栽されたものが春まで咲き続ける性質に変わっています。ビオラでは、フローラルパワー系、ビビ系、ピエナ系などがあり、花色、花弁ごとの色違い、模様など非常に多彩になっています。耐寒性も強く、秋から春への連続開花性があります。パンジーでは大輪のパシオ系やピカソ系、ビオラの性質をもつ小輪パンジー、ナチュレ系があります。ナチュレ系は冬の開花性に優れていてウインターパンジーとも呼ばれています。

耐寒性のある春咲きのものとしてリナリア（ヒメキンギョソウ）があり、グッピー系品種に多彩な花色のものがあります。最近、このリナリアの仲間があちこちでこぼれダネで野生化しています。

冬の霜よけが必要ですが、**リビングストンデージーは春の花壇に彩りを添えてくれます。**

夏は何といっても耐暑性のあるニチニチソウですが、そんな中でもグラウンドカバー的に、また、ハンギングバスケットやコンテナに植栽し下垂させたりといろ

〖多花性の一年草の例〗

ビオラ ビビ系

パンジー ナチュレ系

リナリア グッピー系

パンジー フリズルシズル系

アンゲロニア

サンパチェンス(インパチエンス)

いろな使い方ができる品種にサンビーナスなどがあります。

夏の花、インパチエンスは、もともとアフリカホウセンカともいわれ、東アフリカ産の種をもとにつくられたものでしたが、そこにニューギニア産のものが加わり、**近年は種間雑種として育成されたサンパチェンスが有名です。**これまでのインパチエンスは強い日差を避けたところで栽培されていましたが、サンパチェンスは、日本の真夏の暑さや日差しにも耐えることができ、1株で60㎝以上1mぐらいの株幅にまで成長でき、春から秋まで大輪のカラフルな花を咲かせる画期的な品種です。

最近の夏の花としてずいぶん利用されているのがアンゲロニアで、本来宿根草ですが、耐寒性がないので、一年草として扱われています。メキシコやブラジルを原産地とする植物で高温多湿に強いため、日本の夏の鉢植えや花壇に利用されています。花色も青紫からピンク、白、複色と幅広い花色があり、花壇に植栽すると見事です。

ヒャクニチソウ(ジニア)は日本の夏の高温多湿条

サフィニア(ペチュニア)

ジニア・プロフュージョンシリーズ

件では、うどんこ病などにかかりやすく、どうしてもみすぼらしくなってしまう草花でしたが、従来のヒャクニチソウとホソバヒャクニチソウを交配し育成された**ジニア・プロフュージョンシリーズは病気に強い丈夫な品種**として生まれ変わりました。また、暑さや乾燥にも強く、コンパクトに育ち、開花期も長い品種です。

サフィニアは何といってもペチュニアの概念を変えてしまった花です。従来のコンパクトな花壇苗から茎が伸長し、ほふくしたり下垂したりといろいろな使い方ができる草花になりました。また、雨に強いのも大きな特徴です。春から秋まで長く観賞できます。

秋はその季節感からもコスモスですが、赤からピンク、白に新たに加わったのが黄色いコスモスです。玉川大学で長年にわたり育成されてきた品種で、その育成に由来するキャンパスシリーズの名前で知られています。

冬は先に取り上げられたビオラ、パンジーが主体となります。

多花性の一年草

開花期	植物名	シリーズ名、品種名、商品名
秋〜春	ビオラ	フローラルパワー、ビビ、ピエナ
秋〜春	パンジー	ピカソ、パシオ、虹色スミレ、ナチュレ、フリズルシズル
春	ヒメキンギョソウ	グッピー
春	リビングストンデージー	
夏	ニチニチソウ	サンビーナスピンク、サンビーナスピュアホワイト、タイタン、パシフィカ、サンダー、ビテッセ、エクエイター
夏	インパチエンス	サンパチェンス
夏〜秋	アンゲロニア	アークエンジェル、セレニータ、セレナ
夏〜秋	ジニア	プロフュージョン
春〜秋	ペチュニア	サフィニア、スーパーチュニア
秋	コスモス	キャンパス

（初級）

多花性の宿根草を教えてください。

ここがコツ！

アジュガ、ダイアンサス、ルドベキアなどの花つきがよい品種がおすすめです。

開花期が長いものを選ぶと、たくさん花が見られます。

春は、アジュガ（日本のジュウニヒトエもこの仲間）がおすすめで、葉がロゼット状でほふくする茎を盛んに出し子株で横に広がって地面を覆ってくれます。春に青紫色の花を段状に重なりたくさんつけ、銅葉や斑入りの葉もあり、葉と花とのコントラストが美しいです。同様にグラウンドカバーとして用いられる植物に、リシマキア・ヌンムラリアがあり、日当たりがよいと黄色い花をびっしりと咲かせることができます。黄葉の'オーレア'もよく用いられます。

春から秋まで長く花を楽しめるものにはカリブラコアがあります。かつてはペチュニアの仲間に入れられていましたが、今はカリブラコア属として分けられています。本来、植物的には低木に入れられていますが、ここで取り上げておきます。丈夫で、春から秋まで花を楽しめ、スーパーベルやミリオンベルなどのシリーズがあります。

同じように春から秋まで長く咲くものにダイアンサスがあり、セキチクとヒゲナデシコの種間雑種で四季咲き性が強く、テルスター系やベルフィーシリーズがあります。

春花壇の縁取りにシルバーリーフの葉と白い花が美しいセラスチウム（シロミミナグサ）があります。品種に'スノーインサマー'や'シルバー・カーペット'があります。

晩春から秋にかけて咲くペンステモンにも丈夫な品

ダイアンサスは、マット状に広がるものから草丈が高く伸びるものまで種類が豊富。花色はピンクや赤、白が中心。

アジュガはグラウンドカバーにも適し、丈夫で斑入りの品種もある。花色は青紫色を中心に、空色やピンクなどもある。

日なたで水はけがよい場所を好むセラスチウム。蒸れに弱いので、乾燥気味に育てるとよい。肥料は控えめにする。

種があり、植えておけば毎年咲いてきます。‘アンデンケンアンフリードリヒハーン’や‘ペンステモン’ハスカー・レッド’などの品種があります。

初夏の花としては、アスチルベがあり、日本自生のアワモリショウマやチダケサシも同じ仲間になります。‘アレンジー’や‘カラーフラッシュ’などがあります。

夏の花としては、エキナセアやルドベキアがあり、ルドベキアでは‘タカオ’や‘インディアンサマー’、‘タイガーアイ’がつくりやすい品種です。

夏から秋の花としては、ヘレニウム（ダンゴギク）があり、日本の気候に似た北米東部原産の植物で、耐暑性のある丈夫な植物です。品種‘モーハイムビューティー’は花色が橙色から赤褐色に徐々に変化します。

秋はサルビアの季節ですが、丈夫で花がよく咲くものに、サルビア・レウカンサがあり、ビロード状の紫色のがくと白の花の調和が美しく、秋花壇の主役になります。**サルビア・グアラニティカは地下茎で広がる丈夫なサルビアで、**長く伸びた茎の先に暗紫色のがくと青紫色の花がさえます。

秋の澄んだ空気には、クジャクアスターやユウゼン

アスチルベは丈夫で育てやすく、半日陰でも育つ。繊細な花穂が美しく、花色は白からピンクが中心。葉の美しさも魅力。

ペンステモン'ハスカー・レッド'は、淡いピンクの花と暗紫色の花茎、シックな銅葉が美しい。丈夫で育てやすい。

ギクなどのアスター属の青や紫の花色が似合います。クジャクアスターの'ローズスター'やビクトリアシリーズの'ファニー'、ユウゼンギクの'ブルーフラッシュ'などの花色がすばらしいです。

夏から秋に咲き続けるルドベキア'タカオ'。広い場所に植えるとスケール感がある。花壇ならグルーピングして植えるとよい。

クジャクアスターは丈夫で可憐な小花がいっぱいに咲き、夏から秋まで開花が続く。花色は白、ピンク、青紫など。

ヘリアンサス'レモンクイーン'は、明るいレモンイエローの花がたくさん咲く。やや草丈が伸びるので、早めに切り戻しておくとよい。

ヘレニウム（ダンゴギク）も、とても花つきがよく、開花時期も長い。強健で夏にも秋口の蒸れにも強い。

カリブラコアには、丈夫で多花性の品種が多い。夏に一度切り戻すと、秋まで再び咲き続ける。

主な多花性の宿根草

開花期	植物名	シリーズ名、商品名	品種名
春	アジュガ		マルチカラー
春～初夏	リシマキア・ヌンムラリア		オーレア
	リシマキア・アトロプルプレア		ボージョレー
春～秋	カリブラコア	スーパーベル、ミリオンベル	
	ダイアンサス	テルスター、ベルフィー	
春	セラスチウム		スノーインサマー、シルバーカーペット
晩春～秋	ペンステモン		アンデンケン・アン・フリードリヒ・ハーン、ハスカー・レッド
初夏～夏	イトバハルシャギク		
初夏～秋	ガウラ（ハクチョウソウ）		
初夏	アスチルベ		アレンジー、カラーフラッシュ
夏	エキナセア		
	ルドベキア		タカオ、インディアンサマー、タイガー・アイ
夏～秋	ヘレニウム（ダンゴギク）		モーハイム・ビューティー
秋	サルビア・レウカンサ		
	サルビア・グアラニティカ		
	クジャクアスター		ローズ・スター
	ユウゼンギク		ブルー・フラッシュ
		ビクトリア	ファニー
	ダルマギク		
晩秋～冬	ツワブキ		
	イソギク		

（初級）

長期間、花が咲く植物はありますか？

ここがコツ!

実は、一年草のほうが、長期間咲きます。

一年草のほうが宿根草や花木より品種改良が進んでいて、長期間咲くものが多いのです。

もともと野生植物は年に1回決まった時期に開花します。開花すると結実し枯死してしまい、また、翌年、種子が発芽して生育・開花を繰り返す植物を一年草といい、枯死せず生き残る植物が宿根草（永年性植物）、花木などになります。このような年に一度しか咲かない（一季咲き）野生植物を年に数回開花するように改良されたものを「四季咲き」と呼びます。野生のバラは春から初夏の間に一度だけ開花し、他の季節には開花しませんが、改良された、いわゆる**現代バラと呼ばれる系統の品種の多くは、春から秋まで植物の生育期間中には開花を繰り返します。ベゴニア・センパフローレンスも同様に一季咲きの野生種から四季咲きに改良されたものです。四季咲き性なので、春から秋遅くまで花壇で楽しむことができます。**

実際には、宿根草より一年草のほうに長期間咲く植物が多いのが特徴です。なぜなら、一年草はタネをまいてから1年以内に開花しますので、宿根草などより育種（品種改良）のサイクルを早く進めることができます。

植物の品種改良を行っている育種家は、交雑した後代の中から、どのような条件（日長や温度などの条件）でも、よく開花するものを選んできました。その結果、本来、長日性植物であったパンジーやペチュニアは、どのような日長条件でも開花するように改良されてきました。以前はパンジーやビオラは春の花壇材料であったものが、今は秋から春のロングラン素材となっています。

同様に、短日植物であるマリーゴールド、ジニア、コスモスなども、春から秋まで咲かせることが可能になりました。

このように一年草のほうが他の宿根草や花木より格段に品種改良が進んでいて、長く咲く四季咲き性のものが多いことになります。

もともと開花期間が長い植物もあります。代表的な植物にサルスベリ（百日紅）とセンニチコウ（千日紅）があります。漢字表記からもわかるように、百日間または千日間、紅色であるというように、長く花を観賞できることから、このような植物名がつけられています。

改良されてさらに開花期が長くなっている一年草

コスモス

マリーゴールド

ベゴニア・センパフローレンス

もともと開花期間が長い植物

サルスベリ

センニチコウ

（初級）

苗の植え方で、花つきが変わりますか？

ここがコツ！

適切な植栽間隔にすると、花の数がふえ、病害虫の被害が少なくなります。

育ったときの大きさを考えることが大切。

花壇に花苗を植えるときは、その植物の生育に合った、適度な間隔で植えたいものです。最初に植えつける苗は小さなものですので、成株に育ったときに、茂った茎葉が地面をどの程度覆うかを想定するのです。

株と株の間に適度な空間があると、茎がうまく分枝し、茎数をふやすことができるので、結果として、花数もふえます。理想的には、最盛期に花壇の表面が花いっぱいに覆われるようになることを目標に植栽します。

一方、植える間隔が狭すぎると、各植物へ光が十分に当たらず、株間で養水分の競合が生じます。その結果、植物は光に向かって縦方向に伸びて間延びした株になり、先端にだけ花がつくような姿になってしまいます。

株間の空間がないため、生育するにつれて風通しも悪くなり、蒸れて病気も出やすくなります。

例えば、一・二年草で草丈が30cm以下の植物なら20～40cm、草丈30～60cmの植物なら30～50cmの植栽間隔が望ましいとされています。植えつけ面積から株数を見ると、一般的な草花（サルビア、ベゴニア・センパフローレンス、マリーゴールドなど）では、1㎡当たり25～30株ぐらいが生育に適した間隔です。株が横に広がらないタイプの草花（ケイトウ、キンギョソウなど）では、1㎡当たり30～35株が目安です。チューリップは1㎡当たり64球を基準にしましょう。

なお、植え方には整然とした印象になる等間隔の列植や千鳥植え、ナチュラルなイメージになる不等辺三角形など、さまざまな方法があります。

〘理想の株間〙

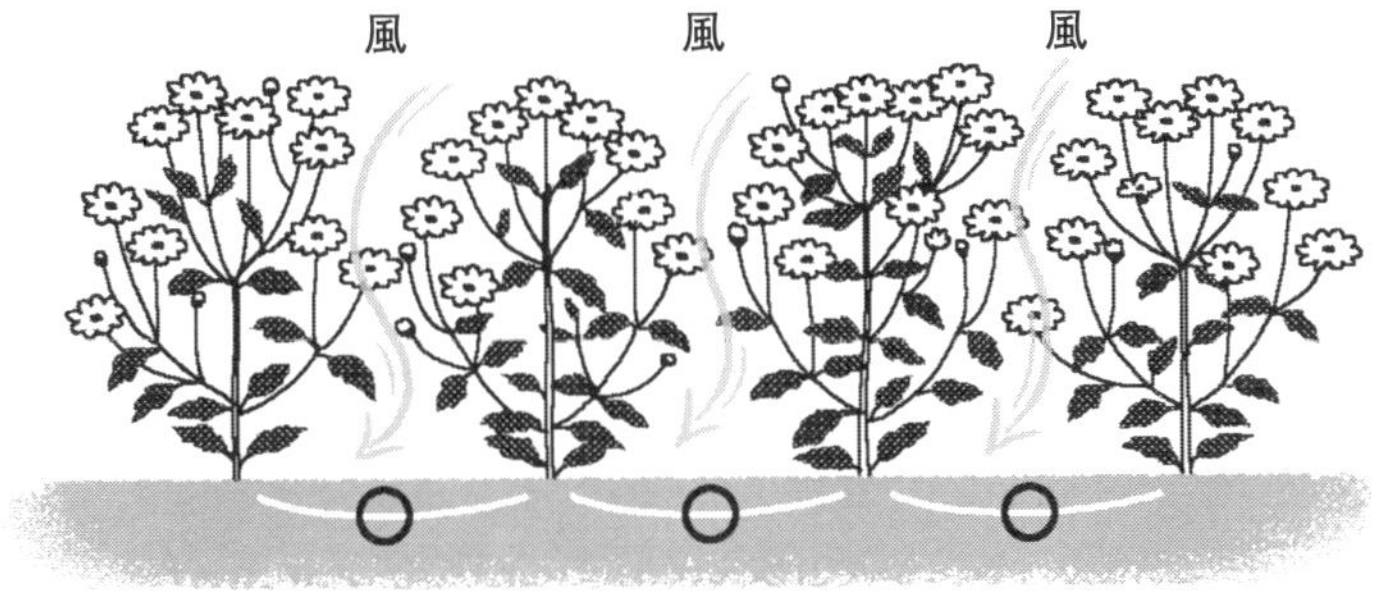

○

適度な株間

風通しがよく、健やかに育つ。株張りよく育ち、草丈、外見もそろう。

×

広すぎる株間

枝葉、花が奔放に広がり、地面の隙間も目立つ。

×

狭い株間

風通しが悪く、蒸れやすくなる。病気になったり弱ってしまう株に育つ。

（初級）
✿✿✿

浅植えと深植えで花の数が変わりますか？

ここがコツ！

適した深さに植えるとよく育ち、花数がふえます。

根の張り方や根が張る深さは、植物によって異なります。

植物は地植えでも鉢植えでも、それぞれの植物に適した深さに植えつけたいものです。

なぜなら、浅植えでは地上部が風などにあおられるとふらついてしまい、抜けてしまったり、茎がやわらかい植物では折れてしまうこともあります。

逆に必要以上に深く植えてしまうと、地際に近い部分に芽のある植物では、芽が土中に隠れてしまい、ときには新たな芽が腐ってしまう場合もあります。

注意する点としては、植物の種類によって、浅植えにしたほうがよいもの、深植えにしたほうがよいものがあり、その植物に適した深さに植えます。適した深さに植えるための目安は、通常は地上部と地下部（根部）の境の部分を土表面の位置に合わせて植えつけます。

浅植えにしたほうがよい植物の多くは、根が通気性を好む植物です。深く植えてしまうと通気性が悪くなるため、根が窒息状態になりやすく、その結果、根腐れを引き起こす可能性が高くなるため、浅植えにします。

深植えにしたほうがよい植物の多くは、根の乾燥を嫌う植物です。クレマチスなどがこれに当たります。また、深植えすることによって土中にある節から芽が出て株立ち状になり、枝数も根もふえて旺盛に成長することができ、枝の更新がしやすくなります。

従って、**適度な深さに植えると植物が健全に育つため、株が充実することにつながり、茎数もふえるので、結果として花数もふえるのです。**

〚浅植えを好む植物〛

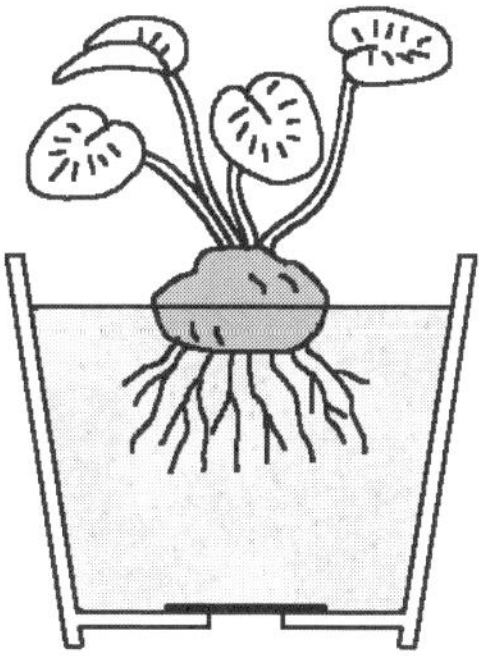

シクラメン

根塊の肩を少し土の表面に出して植える。

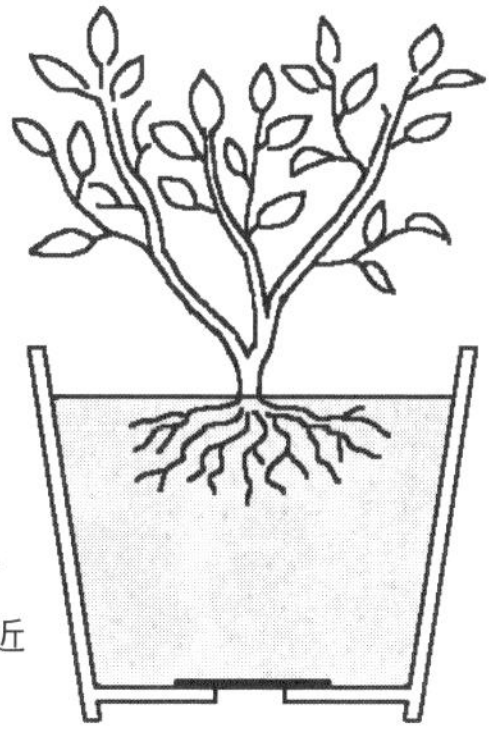

ブルーベリー

比較的、地表の近くに根を張る。

〚深植えを好む植物〛

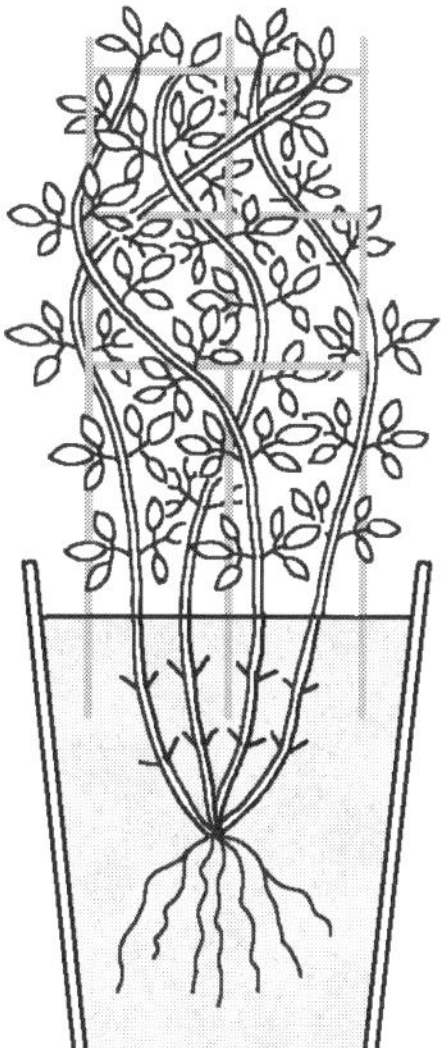

クレマチス

2節以上が土の中に埋まるようにする。

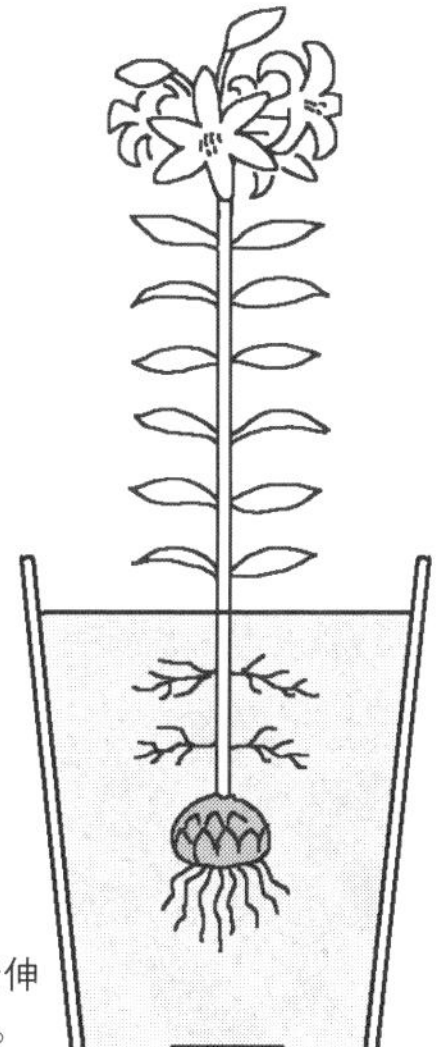

ユリ

球根の上部にも根を伸ばすため、深く植える。

〚浅植えを好む植物と深植えを好む植物〛

浅植えを好む	深植えを好む
オリーブ、ツツジ、リツキ、ブルーベリー、シクラメン、クリスマスローズ、ホウレンソウ、コマツナ、ピーマン、トマト、イチゴ　など	ユリ、クレマチス、ネギ、コスモス、タケ、イネ、リンドウ、サクラソウなど

使用する用土で花つきが変わりますか？

（初級）✿✿✿

ここがコツ!

根が健全に育つと、花つきもよくなります。

団粒構造の土にすると、植物のパフォーマンスが向上します。

草花を植える用土は、その植物の自生地（故郷）の育っている環境に合わせた用土が一番ですが、育てるのは違った環境ですので、その環境ですくすくと生育できるような用土に植えることが大事です。

どんな植物にも共通する理想的な用土の条件としては、「通気性」「排水性」「保水性」「保肥力」の４条件を満たしていることです。これらの条件を満たしている用土では、根が生き生きと伸長し、勢いのある植物の生育となります。従って、基本となる土が団子のような「団粒構造」を取っていることが必要です。

団粒の粒子間にはほどよい空気の隙間があり（根の呼吸を助ける）、団粒内やその表面には多くの肥料分が保持され、植物が必要とするときに必要な成分と量を供給してくれるのが理想です。

このような団粒構造になるには、小さな土の粒子どうしを結びつける（接着する）、糊《のり》の役目をするものが必要になってきます。この接着剤の役割を担うのが、腐葉土や堆肥などの有機物です。土の粒子の間にほどよい空間のある、いわゆるふかふかとして根にやさしい土をつくるためには、植物の残骸をもとにした有機物を土に混ぜるか、すき込む必要があるのです。

また、使用する有機物は、完熟した堆肥や腐葉土であることが大切です。完熟していないと土の中で腐ってしまい、近くにある植物の根まで腐敗してしまうことがあります。さらには、有機物が熟する過程で土の中の肥料分（特に窒素）を奪ってしまうこともあるので、気をつけましょう。

このような理想的な用土で栽培することにより、健全な生育を図ることができます。植物がよく育つことによって、花つきもよくなります。また、団粒構造の土は、施した肥料が水やりによって簡単に流れ出てしまうことがなく、土壌粒子に吸着されて、必要なときに供給してくれるので、団粒内やその表面には多くの肥料分が保持されます。このような、保肥力がよく、植物がよく育つ用土に草花を植えたいものです。

植物がよく育つ「理想の土」

理想の土の構造は
「団粒構造」
をもつ土
理想のバランスは
固相
40%
（土の粒子）
液相
30%
（水分）
気相
30%
（空気の入る空間）
用土と腐葉土などをブレンドして土のバランスを整える

植え替えをすると、花がたくさん咲きますか？

（中級）✿✿✿

ここがコツ！ **植え替えを嫌う植物以外は、成長に合わせて植え替えると、株が充実して花がたくさん咲くようになります。**

成長が早い一・二年草や鉢植えのクリスマスローズ、クレマチスの苗などの根がよく伸びる宿根草は、植え替えをするとよく育ち、花数がふえます。

植物には植え替えても大丈夫なものと、植え替えを嫌うものがあります。

一・二年草では、タネをまいた後、植え替えに注意を要するものがあり、直まきまたは1株ずつポットにタネをまいて育てます。マメ科植物のように、タネから最初に出る根がまっすぐ伸びていくものは、できれば移植をしない（つまり、植え替えをしない）ほうがうまく育てることができます。

植え替えが可能な植物では、鉢の中が根でいっぱいになる前に植え替えをして、少しずつ鉢を大きくしていくと、順調に育ちます。草花苗として、いわゆるポット苗（ポリポット苗）で購入してきた場合、できる限りすぐに根鉢よりも一回り以上大きな鉢へ植え替えるか、花壇などに定植しましょう。

通常のポット苗では、もうこれ以上ポット内に植えておくわけにはいかないほどに根が回っています。ときには、根鉢（ポットバンド）といって、鉢から植物を抜くと、根が鉢の型を取ったようにびっしり張っています。こうなると根は酸欠状態で、根の一部が腐り始めているかもしれません。

かたまった根をほぐし広げ、古い土を落とし、新たな用土に植え替えましょう。花壇に定植する場合も同様に処理をして植えつけましょう。

根を張らせることにより、地上部も生き生きと伸び

ポット苗の植えつけ方

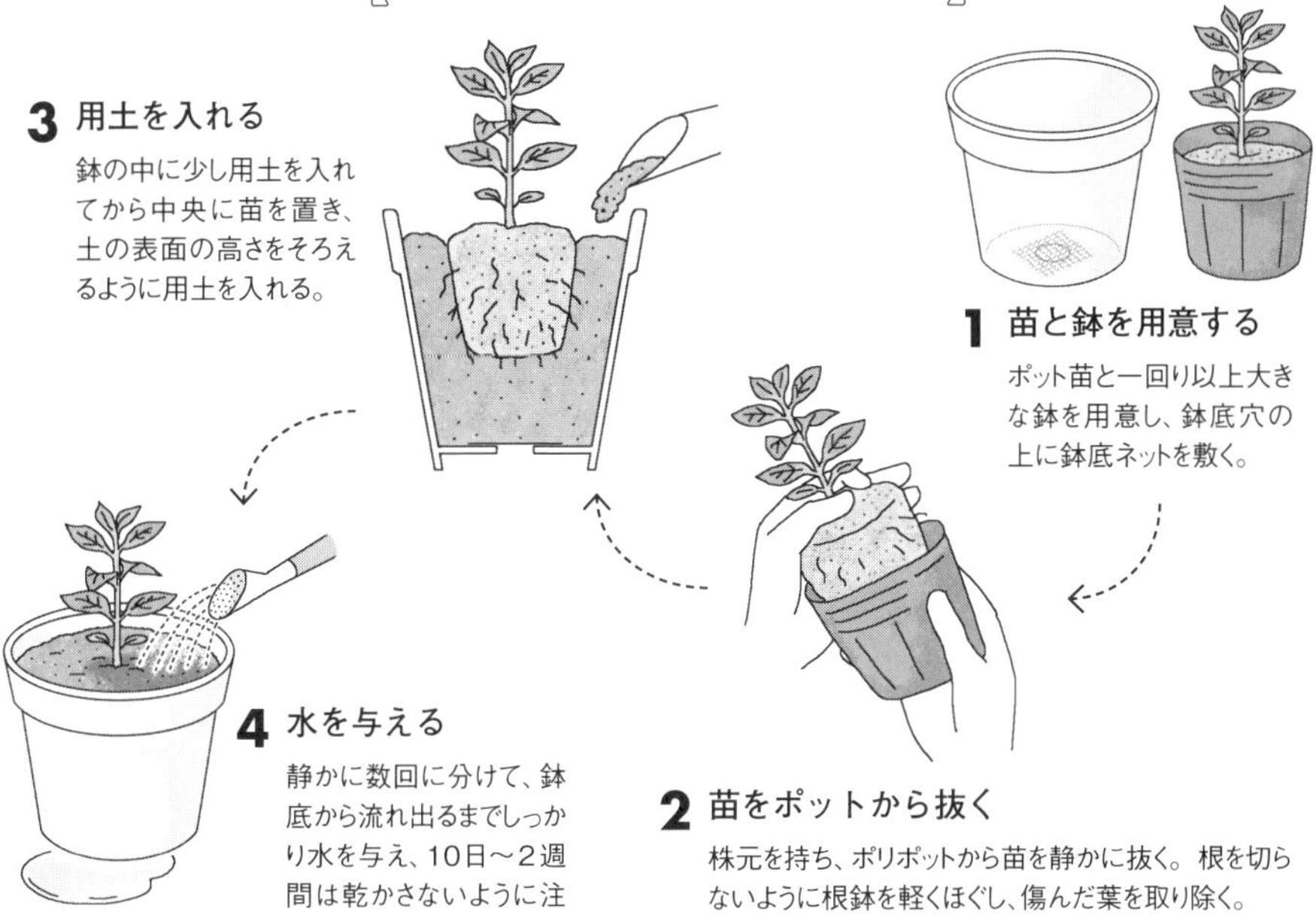

1 苗と鉢を用意する
ポット苗と一回り以上大きな鉢を用意し、鉢底穴の上に鉢底ネットを敷く。

2 苗をポットから抜く
株元を持ち、ポリポットから苗を静かに抜く。根を切らないように根鉢を軽くほぐし、傷んだ葉を取り除く。

3 用土を入れる
鉢の中に少し用土を入れてから中央に苗を置き、土の表面の高さをそろえるように用土を入れる。

4 水を与える
静かに数回に分けて、鉢底から流れ出るまでしっかり水を与え、10日〜2週間は乾かさないように注意。

るので、株が大きくなり、花数もふえます。

根が鉢いっぱいになった植物は、肥料も不足しています。肥料が入った新たな用土に植え替えることにより肥料不足から解消されます。

特に成長が早い一・二年草は、成長に伴って植え替えるのがおすすめです。根がよく張ると株が充実して大株になるので、開花が長く楽しめます。

例えば、最近はやりの「小輪多花性のビオラ」は、植え替えや鉢増しをすることによって分枝数をふやし、かなりの大株にできます。ペチュニア、カリブラコア、アンゲロニア、バージニアストック、クリサンセマム'ノースポール'なども、植え替えることによって大株にすることができ、結果として花をたくさん咲かせます。また、宿根草でも、鉢植えのクリスマスローズやクレマチスの苗では、鉢増しすると株がよく生育するので、開花までの期間を短縮できます。

植え替えを嫌うものには、ヒマワリ、トルコギキョウやマメ科のスイートピー、ルピナスなどがあります。ヒマワリは花壇に植栽するなら、花壇に直まきしたほうが手軽に栽培できて、よく育ちます。

※地植えにしたクレマチスは、根を切らないように植え替えます。

花がらを摘まないと、花が咲かなくなるのですか？

（初級）✿✿✿

ここがコツ！

結実してタネがつくと、徐々に花数が減ります。

長期間咲かせるには花がら摘みが重要です。

花が咲くと結実し、子孫となるタネを実らせます。結実には大きなエネルギーを消費しますので、結実が始まると、同じ株のつぼみやほかの花が咲くことにエネルギーが回らなくなります。**たくさんの花を次々に咲かせたい場合は、咲き終わった花は結実する前に早めに摘み取ります。**

また、花が咲いた後、しおれた状態で花弁が残っているのは見苦しいものです。しおれた花弁は湿気があるため、雨で濡れたままになるとしおれた花弁にカビが生えて病気が発生することがあります。病気に感染させないためにも、早く花がらを除去しましょう。

花は通常、茎の先端につくことが多く、終わった花を早めに摘むと、先端の下のわき芽が伸長して、その先端に次の花を咲かせます。花数がふえ、開花期が延びます。

また、新しい品種の中には、セルフクリーニング性が高いことを特徴にしているものもあります。「セルフクリーニング」とは、「自ら古い花を落下させて、きれいにする」という意味です。開花後、自然に古い花がらが落ちますので、下に落ちた花がらを掃除するだけですみます。つまり、花がらをこまめに摘む手間がかからないので、管理の楽な品種なのです。しかし、まだ、このような品種はそれほど多くないので、通常の品種では、花がら摘みが必要です。

できる限り切れ目なく長い期間、美しい花を観賞するためにも、こまめに花がら摘みを行いたいものです。

花を長く咲かせるための花がら摘み

1 花がきれいに咲いているプリムラ・マラコイデス。

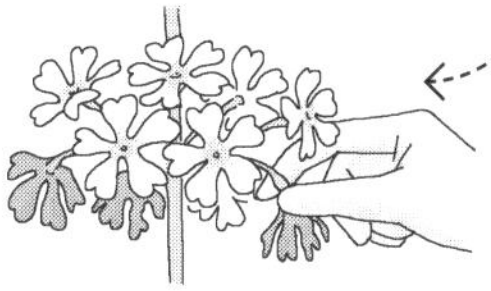

2 咲き終わって変色した花を摘み取ると、もうしばらく花が楽しめる。

3 このままだと花が咲き終わってしまうので、8割以上咲いたら花茎を下から切る。

4 株元から少し離れたところに固形の化成肥料を与える。

5 再び花茎が伸びて開花する。これを繰り返すと12～4月まで開花が続く。

セルフクリーニング性がある品種

メランポジウム'ジャックポット'

インパチエンス'サンパチェンス'

シクラメンの花がら摘み

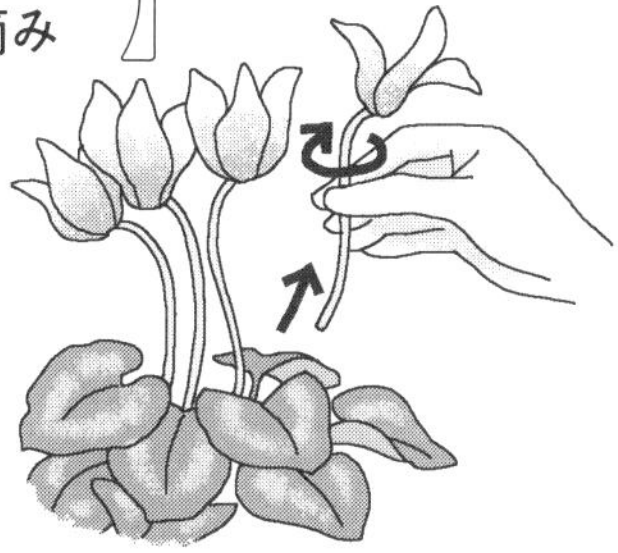

花茎をくるっとひねり、つけ根から花茎ごと抜き取る。

チューリップの花がら摘み

早めに花の下で花がらを摘み、葉を育てて球根を太らせる。

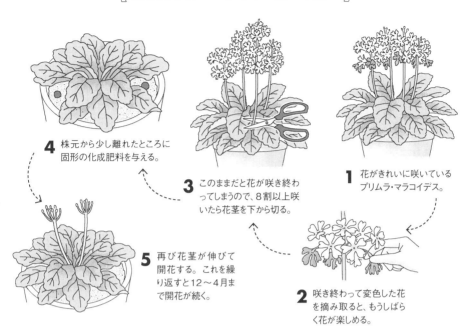

（初級）✿❀❀

ピンチしたほうが花が咲くのですか？

ここがコツ！

ピンチのひと手間で見違えるほど花数が多くなります。

草花は、新芽の伸び方を見ながら、適切にピンチを繰り返すと花数がふえます。

草花はできる限り長く咲かせ、よい状態で観賞し続けたいものです。そのためにもこまめに咲き終わった花を摘み、茎を切り戻し（ピンチ）して、新しい茎を出させます。ピンチして直下のわき芽が動き、伸長してくると、それに合わせて根も伸長してきます。新しい根から吸収された養水分が芽の伸長と花芽の形成にまわります。また、**ピンチを繰り返すことにより、わき芽の数がふえ、株がコンパクトな状態でも多くの花を咲かせることができます。**地際部から多く分枝する叢生《そうせい》型の草花なら、そのままでも鉢物や花壇苗としてまとまった株姿になりますが、主枝と側枝の区別がはっきりしたタイプの草花では、放置すると主枝のみがまっすぐ上方に伸び、花数も少なくなってしまいます。そのため、早めにピンチし、側枝の数をふやしておきましょう。

ピンチしないでそのままにしておくと、咲き終わった花はタネをつけるようになり、エネルギーは新たな成長にまわらず、結実のほうにまわってしまいます。

思い切って低く切り戻してみてください。その場合、わき芽の上でピンチすることが大切です。節と節の中間でピンチすると中途半端な茎が残って見苦しくなります。また、ピンチするときに高さをそろえておくと、その後伸長してくる茎の高さをそろえることができます。

花の数は枝（茎）の数です。専門的には分枝数ともいいます。花数をふやし、華やかに見せるためには分枝

〚ピンチを繰り返して株を育てる〛

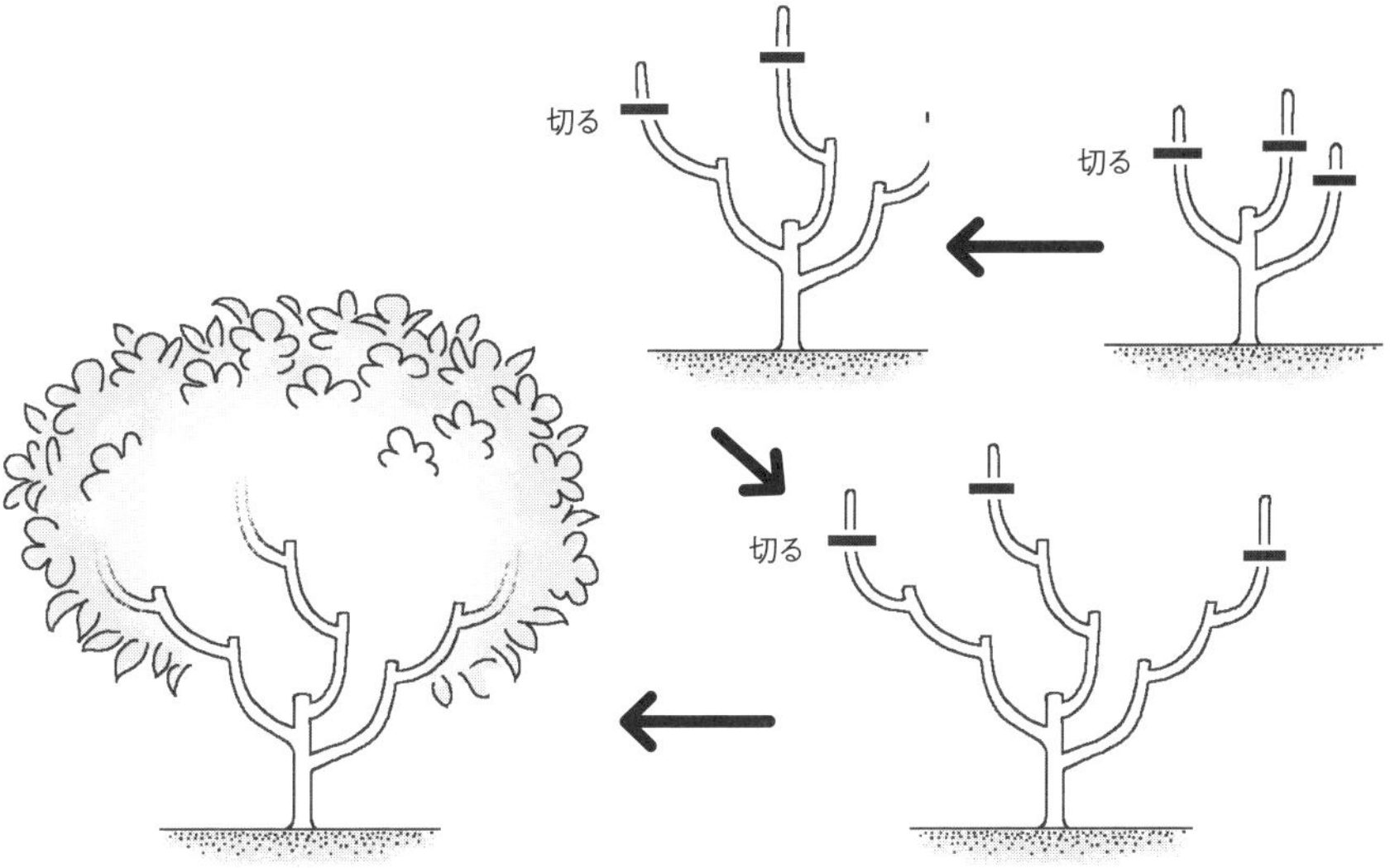

ピンチを繰り返していけば、茎の数がふえて株が茂り、花数がふえていく。

数をふやせばいいのです。

できあがった鉢物を購入して楽しんだ後、切り戻してみてください。切り戻すことにより草丈が高くなっていたものを低くすることができます。低い位置から茎を出させ、伸びてきた茎をときにはもう一度、中ほどでピンチしてみてください。そのことにより茎の数が2倍から3倍にふえます。

このように**ピンチは新たな成長を促し、花数を多くすることができます。それだけでなく、株の若返りも図ることができるので、ぜひ試してみましょう。**

〚ピンチで花数をふやして高さもそろえる〛

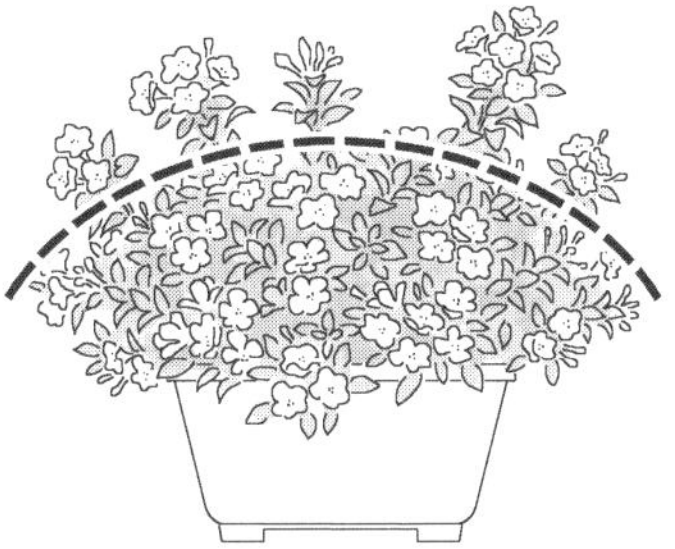

ペチュニアやペンタス、バーベナなどは、伸びすぎた茎を切り戻すと花数がふえ、株姿も整ってこんもりと茂る。

（中級）✿✿✿

わき芽から、そのまま花を咲かせてよいですか？

ここがコツ！

わき芽を取ると、残した花が大きくて立派に咲きます。

わき芽を取ってよい花を咲かせます。

茎の先端以外の芽を「わき芽」と呼びます。葉のつけ根の上側にでき、そこから伸びた芽にも、花が咲きます。

単純に花数をふやしたい場合、**わき芽が多いとたくさんの花を咲かせることができますが**、一輪一輪の花の大きさは小さくなります。

なぜかというと、**光合成でつくられた炭水化物（エネルギー）が、それぞれの花に供給され、分配されるので、花の数が多ければ多いほど、一つの花への分配量は少なくなります。**

では、そのわき芽をかき取り、芽の数を制限するとどうなるでしょうか。

エネルギーを分配する箇所が少なくなるため、一つの花へのエネルギーの分配量が多くなりますから、当然のことではありますが、1輪の花径は大きくなります。

切り花生産の現場では、わき芽をかく（芽かきという）ことにより、一輪一輪の花を大きく育て、品質を高めるように努力がされています。

一輪咲きのキクでは、頂端の1芽を残すようにして、わきに出てくる芽をかき続けます。そのことにより花店で売られている、いわゆる「輪ギク」というものが生産されるのです。

同様に観賞ギクまたは伝統ギクと呼ばれ、一つの茎に1輪ずつ咲かせた花を観賞するキクの場合は、できる限り大きくて立派な花を咲かせるために、芽かきを行います。

トルコギキョウの切り花生産でも、例えば、一つの茎に3輪ずつよい花を咲かせるためには、栽培しながら順に芽をかいていき、最終的に3つのつぼみを残していきます。花を収穫してから、調整段階で不要なつぼみを取る場合もありますが、栽培過程でつぼみを整理したほうが、残したつぼみに養分が集積し、よりいっそう、それぞれの花が立派になります。

芽かきでよい花を咲かせる植物の例

トルコギキョウ

ダリア

芽かきで大輪のキクを咲かせる

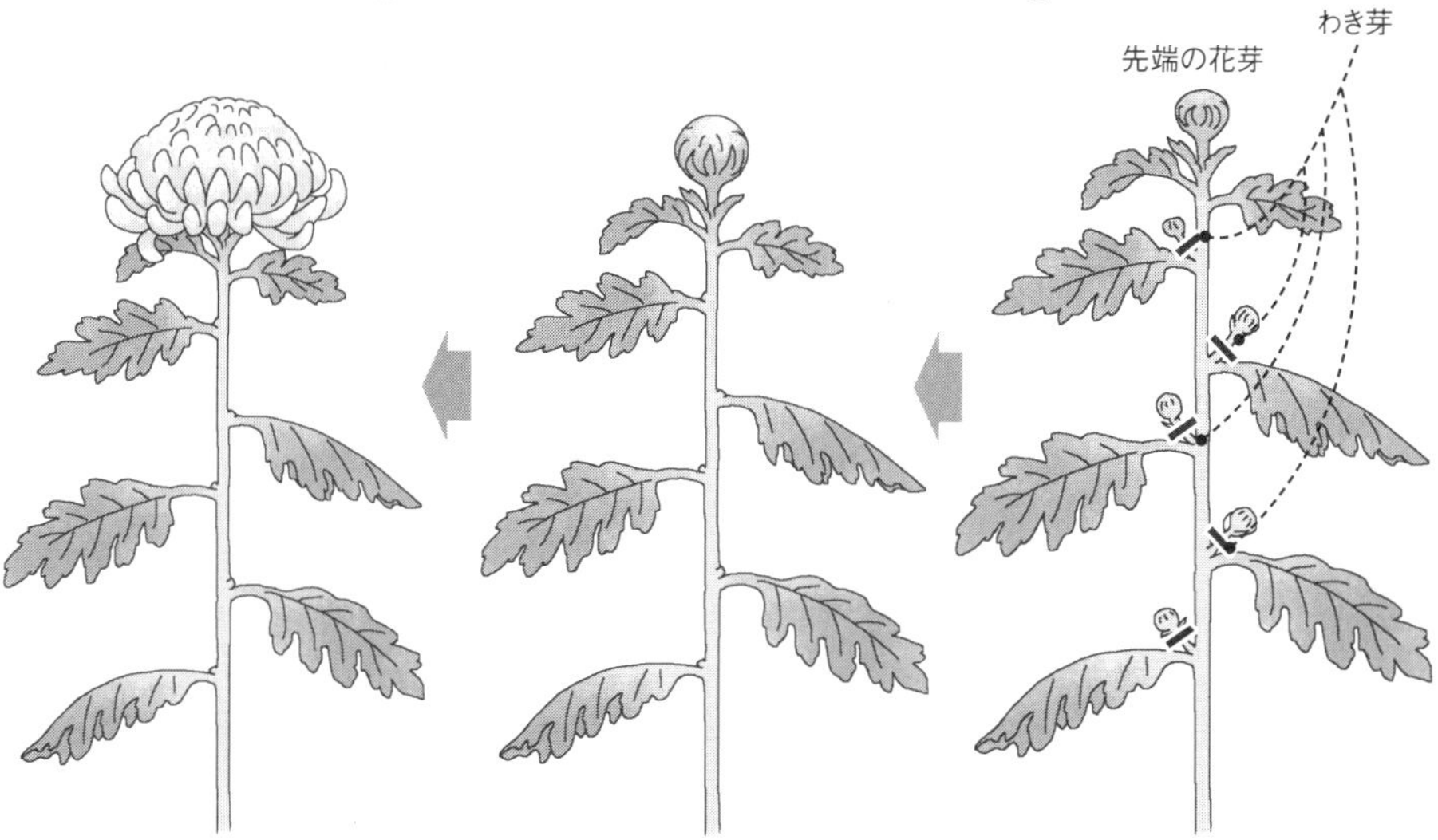

3 大輪の花を咲かせる。

2 先端の花芽を育てる。

1 わき芽をかき取る。

（初級）✿✿✿

花数は水やりで変わりますか？

ここがコツ！

水やり次第で、花数は大きく異なります。株がよく育てば、花数もふえます。

花の役割についてもう一度考えてみましょう。花は茎や葉の器官（栄養器官）と異なり、子孫を残すための生殖器官になります。

一般に、植物は育つのに不適な環境になってくると、生き残るために子孫を残そうとするため、栄養成長から生殖成長に移行していきます。不適な環境として、低温や高温、乾燥、日照不足などがあります。そのような不適な環境条件が成長の転換の引き金になります。開花後に結実してできるタネは不適な環境条件から身を守ることができます。通常、タネはその環境下で休眠し、適当な環境になったときに目覚めて発芽し、新たな生きものとして成長を開始します。

水分条件から見ると、乾燥が開花への引き金になるということです。そのため、水やり（水のやり方）は花を咲かせるための一つの手法になります。

「水やり3年」といわれているように、水やりは植物を育てる際に最も重要で難しい作業だということです。基本的には「植物の顔を見ながら水やりをしなさい」、「鉢土の表面が乾いたら水やりをしてください」というのが一般的な目安です。水分が足りなくなり、植物が水を欲しがっている合図は、少ししおれ気味になることです。鉢土の表面が乾いてから水やりをすると、水は乾燥した土の表面から鉢底まで、スムーズに水がしみ込んでいくことになり、根に酸素も供給することができます。また、水やりは鉢底から水が流れ出るようにたっぷりとやりましょう。中途半端な水やりを繰り返すと、土中の水分が土の表面に引き寄せられて蒸発し、それに伴い養分の中の塩類（カルシウム、マグネシウム、ナトリウムなどの塩化物）が土の表面に集積して土がアルカリ性になってしまうことがあります。

一方で、土の表面が常に湿っているのに水やりをすると、植物の根は飽和状態にあり、水におぼれた状態になります。また、いつも水分が身近なところにあるため、新たな根を伸ばしたり、しっかりした根群を発達させなくなります。

乾湿の変化のある適度な水やりは健全な根群を発達させ、そのことが地上部の健全な生育に結びつきます。地上部がよく育てば、花数がふえるのです。

鉢植えの水やりの基本

鉢土の表面が乾いているのを確かめ、鉢底穴から水がしっかりと流れ出るまで、たっぷりと与える。

水によって空気が押し出され、水分が行き渡る様子

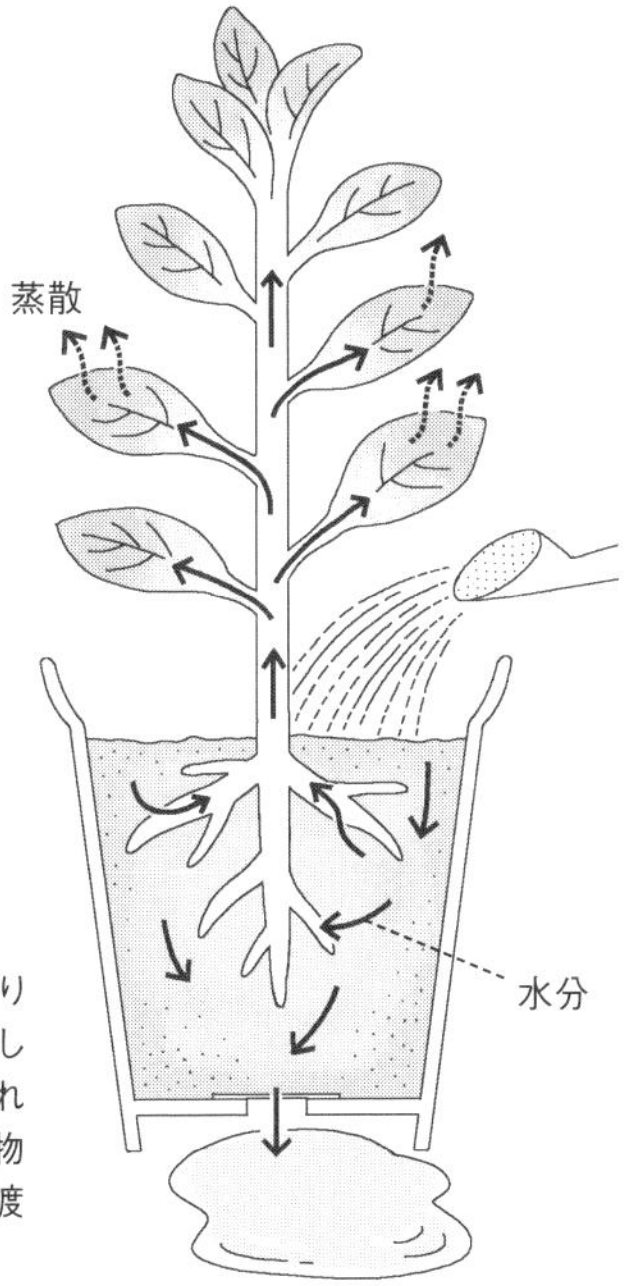

鉢内に水をたっぷり与えると、水に押し出されて空気が入れ替わり、水分が植物体の隅々まで行き渡る。

（初級）

花やつぼみに水をかけても大丈夫ですか？

ここがコツ！

花に水をかけると傷んで病気の原因になることがあります。

できるだけ、花やつぼみには水をかけないようにします。

プロの生産者の水やりでは、通常、花を含めて植物体に水をかけることはありません。なぜなら、吸水するのは根からなので、土に水を補給するのが最も効率がよいからです。

それでも、**栽培のテクニックの一つには、「葉水」といって、葉に水をかける場合があります**。夏の暑い時期に植物体の温度を下げるために周囲から植物全体に霧状の水をまき、葉をぬらしたり、乾燥した空気に湿気を与えて気化熱の働きで気温を下げるなどの効果があります。また、病害虫のうちでも暖かくて乾燥した環境を好むハダニは、初夏から夏にかけて繁殖しますが、ハダニは湿気を嫌います。その対策として、ハダニが多く生息する葉裏に葉水をかけると、繁殖スピードを抑えることができるのです。

しかし、**植物によっては葉に水をかけると、水と葉の細胞液との温度差が原因で、葉に障害を起こす場合があります**。室内鉢物として栽培されるセントポーリアでは、夏の高温時に冷たい水をかけると、細胞と水との温度差で傷害が起こります。ちょうど輪状に葉が褐変するので、リングスポットともいいます。

また、**葉肉がやわらかい草本植物や花弁がやわらかい植物に、日が強い日中や夏季に上から水やりして葉や花弁に水滴が残ると、それがレンズの役目をして、葉や花弁が焼けることがあります**。焼けた花弁や葉は、茶色や褐色のシミができてしまい、一度跡ができると元には戻りません。

一方、秋の長雨などで栽培環境が低温多湿になると、灰色かび病が発生しやすくなります。花弁に小さな斑点がつき、症状が進むと灰色のカビで覆われるので、そのような病名で呼ばれます。花色が白や淡いピンク色のバラの花やガーデンシクラメンなどによく見られる症状です。**カビの被害にあわないためにも、決して花弁やつぼみに水をかけないようにしましょう。**

基本の水やりの仕方

ジョウロのハス口は外し、植物の株元の用土に水をたっぷり与える。

花に水をかけてしまったら

カビが原因のシミができる

淡いピンク色のバラが灰色かび病になり、花弁に褐色のシミができてしまった。

花に水滴がたまったままになっている

花弁がやわらかいものは、花に水滴がたまったままになると花弁が茶色くなり、やけどのような症状になる。

（初級）

花が咲いているときに、水やりで気をつけることはありますか？

ここがコツ！

開花期は特に、水ぎれしないように注意します。

開花中の水やりは、特に大切です。

水やりは根の発達も考え、鉢土の表面が乾いたら水やりをするというように乾湿のバランスを取りながら行いますが、特に注意する時期があります。

花芽がついてつぼみがふくらんだら、水ぎれに気をつけます。つぼみが開いてくるときは、通常より多くの水分が必要な時期で、つぼみがふくらんで花が咲くには、水分が大きく関わっています。つぼみに水分が送られ、花弁が伸びて開花するので、水分が足らないとつぼみがふくらみません。花が通常よりも小さくなってしまったり、開花が遅れることもあり、また、植物によってはつぼみを落とすこともあります。

つぼみが水を欲しがっているかどうかの見極めは、花首の部分が斜め下に傾き、しおれかかったように見えることです。「水分が足りないサイン」を見逃さないようにしましょう。特に、花首の細い植物は水分が通りにくいので、花茎がしおれることがあります。同じ植物なら一輪咲きの品種より枝咲き（または房咲き）の品種のほうが、より花茎が細く、前記のような現象が見られます。開花期が近づいたら、水やりに注意しましょう。

〘開花中の水やり〙

開花中のオオミスミソウ。開花期には、通常より水分が多く必要。花やつぼみがたくさんある場合は、特に水ぎれしやすくなるので注意する。

Column 1

花咲爺さんの灰が見つかる？

おとぎ話「花咲爺さん」には「欲深爺さんが焼いてしまったマツの木でつくった臼の灰を、正直爺さんがもち帰って枯れ木にまいたところ、その枯れ木に一斉に花が咲き、通りかかった殿様からごほうびをもらった」と書かれています。この灰には、開花を促す物質が含まれていたのでしょうか。

植物の芽が出たり、根が伸びたり、茎が伸びたりするには、植物ホルモンという物質が関与しています。それで、「植物が開花する際も、何らかの植物ホルモンが関わっているのではないか」、「そのホルモンを投与することにより植物の開花を制御できるのではないか」と考えられてきました。

100年以上前に、植物には花芽をつくらせる物質（花芽形成物質）があるはずだと予言されていました。その後、その物質を発見すべく、世界中でいろいろな実験が行われてきましたが、21世紀以降まで解明されず、「幻の植物ホルモン」と呼ばれてきました。

キクは日が短くなると開花する短日植物ですが、先端部の芽に近い部分にある若い葉を取り除いた後、葉をもたない先端部だけに黒い袋をかぶせて短日処理（暗い時間を長くする）を行っても、基部にある葉が長日にさらされているとそのキクには花がつきません。また、芽の部分は長日にさらされていても、葉のある部分だけに短日処理を行うとそのキクには花がつきます。これらのことは、日長を感じる部分は葉であって芽そのものでないことを示しています。つまり、葉が短日処理を受けるとそこで花芽をつくるのに必要なホルモンがつくられ、それが芽に運ばれると花芽がつくられるのであろうと推定されました。

このホルモンの存在は多くの研究者に支持され、花成ホルモン（花芽形成物質）やフロリゲンと呼ばれていました。オナモミ、ダイズ、アサガオ、タバコなどで、2本の植物を接ぎ木し、片方に短日処理を行うと、もう一方の植物は長日にさらされていても花芽をつけることがわかっています。

2007年に日本の研究者によって、長日植物のシロイヌナズナのある遺伝子の産物（FTタンパク質）と短日植物のイネのある遺伝子の産物（Hd3aタンパク質）であることが明らかにされました。また、これらのタンパク質をつくる遺伝子をキクに導入した形質転換体では、開花誘導されていない条件下でも開花するそうです。今後、これらの物質を人工的に合成し、この物質を施用することにより、簡単に植物の花を咲かせることが可能になるかもしれません。

枯れ木に花を咲かせましょう!

（初級）

花を咲かせるための肥料とは何ですか？

ここがコツ！

窒素分を控えめに、リン酸分が多めに配合された肥料が効果的です。

花芽をつけるためには、主にリン酸分が必要です。

植物には、三大要素である窒素、リン酸、カリの多量必須要素と、多量には必要ではないが、生きていくためになくてはならない成分として、微量必須要素が必要です。

三大要素のうち、窒素（N）は葉や茎を大きく育てる要素で、リン酸（P）は花つきや実つきをよくし、カリ（K）は根の発達を促進し、葉や茎を丈夫にします。

リン酸は、生体内で細胞の核の成分である核酸、核タンパク質、細胞膜成分のリン脂質、体の中で起こる化学反応における水素の受け渡しを助ける補酵素（酵素の働きを助ける物質）やエネルギーの運び屋であるATP（アデノシン三リン酸）などの成分として存在し、成長のために必要な呼吸、光合成、タンパク質の合成や遺伝に重要な役割を果たしています。

ただし、窒素肥料が効きすぎると植物体ばかりが勢いよく育ってしまい、いつになっても花が咲き、実がつかないことがあります。カボチャは窒素分をやりすぎると植物体が大きく育ち、花が咲かず、実つきが悪くなります。カボチャはつる性植物なので、そのようになることを「つるぼけ」といいます。

リン酸が欠乏すると、細胞の分裂増殖が抑えられ、発根が衰えます。イネ科の植物など分《ぶん》けつ（株元で新しい芽を出し、茎をふやすこと）するものでは、分けつが悪くなり、開花・結実が遅れることがわかっています。従って、**植物体ができるまでは窒素分を効かせ、花**

をつける生殖成長に移行するときにはリン酸分を効かせるような肥培管理を行います。化学的に合成された化成肥料には三大要素以外の成分も含んでいますが、通常、その表記には三大要素の成分割合が書かれています。例えば、8-8-8と書かれていると、窒素、リン酸、カリが8%ずつ含まれているということになります。花を咲かせるためには、リン酸分の比率が高い肥料を使うとよいでしょう。

〖植物に必要な肥料の三大要素〗

三大要素の働きは図の通り、不足すると植物は健全に生育できなくなり、衰弱したり、病気や害虫にかかりやすくなります。

P（リン酸）
花つきや実つきをよくする。
N（窒素）
葉や茎を大きく育てる。
K（カリウム）
根の発達を促進し、葉や茎を丈夫にする。

(中級) ✿✿✿

花を咲かせるには、どんな肥料がよいですか？

植物の種類やそのときの生育状況に応じて、複数のタイプの肥料を使い分けます。

ここがコツ!

肥料は施す時期と量が大切。植物の顔を見ながら施肥をします。

肥料にはその構成成分、効き方、形などによりさまざまな種類があります。植物の種類により要求する養分の種類、各成分の割合も異なりますので、それに合わせ、いろいろな肥料がつくられ、販売されています。速効性肥料か緩効性肥料かのように肥料の効き方による違い、液肥か固形肥料かの形状による違い、自然の動植物素材そのものやそれらをもとに発酵させてつくられる有機質肥料か化学的に合成された化学肥料かの違いなどがあります。

化学肥料には、硫安《りゅうあん》（硫酸アンモニウム、アンモニア態窒素肥料）、硝安《しょうあん》（硝酸アンモニウム、硝酸態窒素とアンモニア態窒素を含む）、硫酸加里《りゅうさんかり》（硫酸カリウム、カリウム肥料）、尿素《にょうそ》（尿素態窒素）などがあります。このような化学肥料をもとに三大要素（窒素、リン酸、カリ）のうち2成分以上を含むように化学的に合成されたものを化成肥料と呼びます。市販されている化学肥料のほとんどが化成肥料です。

これらの肥料をどのように組み合わせ、どの時期に施用すれば、的確に目的の植物の成長に効いてくるかをよく考え施肥することになります。植物が生育を停止し休憩している（休眠）ときに、施肥すると植物体が腐ったり、病気を発生させることがあります。必要がないのに無理に食べさせているようなものです。従って、施肥は植物の成長の様子を見ながら行うことがベストです。また、気温の変化にも注意したいものです。

気温が高いときに施肥量が多すぎると、植物も暑さで弱っているときですので、悪影響を及ぼしかねません。

通常、**元肥には、効きめが長く続く緩効性の化成肥料や効きめの遅い有機質肥料が適しています。三大要素が同じ割合のものか、リン酸分の割合の高い肥料が適しています。**有機質肥料は発酵、分解してから肥料効果が出てくるものなので、施肥後、ある一定の時間がたたないと効果が表れません。元肥として施すと、生育の途中から効き始め、長期間持続して効き続けます。**追肥には、速効性の液肥や速効性と緩効性を兼ね備えた粒状や固形の化成肥料が適しています。実際には、植物の種類やその時の生育状況に応じて、複数のタイプの肥料を使い分けます。植物の顔を見ながら施肥することがコツです。**

肥料のラベルや、
使い方の説明書を読んで、
効果的に使いましょう。

使いやすい肥料のいろいろ

小粒
約2ヵ月効果がある。

中粒
約1年間効果がある。

草花・野菜
MAGAMP K
マグァンプK
小粒
600g

緩効性化成肥料

2種類以上の成分を含み、使い勝手がよい。製品によって効果のある期間が異なる。

粒の形状や大きさは、製品によって異なる。

Classic
元肥

有機質肥料

じっくり長く効き、土中の微生物の働きを活発にし、ふかふかの土になる。

HYPONeX
ハイポネックス
6-10-5
原液

液肥（液体肥料）

水で規定倍率に希釈して使うものが主流。株を育てる、花つきをアップするなど、目的に応じて選びたい。

HYPONeX
High Grade
開花促進

開花促進用の液肥

花芽の形成時期に使うと、花つきをよくする効果がある。リン酸分とカリ分が主体。

（初級）

有機質肥料と化成肥料で効果は違いますか？

ここがコツ！

有機質肥料と化成肥料では、効き方が異なります。

有機質肥料はゆっくりとおだやかに吸収され、化成肥料は速効性があります。

自然の動植物素材そのものや、それらをもとに発酵させてつくられる肥料を「有機質肥料」、無機物から化学的に合成された肥料を「化成肥料」と呼びます。

有機質肥料は、微生物などによって分解されて無機的な成分になってから、各要素が植物に吸収されるので、**植物に与えてから吸収されるまでに時間がかかるため、肥料の効果がゆっくりと植物に表れます。**

化成肥料は、無機的な成分がそのまま含まれていますので、植物に吸収されやすく、速効性があります。

化成肥料はすぐに効き始めるため、短期間で肥料成分がなくなってしまうということにもなります。これを補うために効き方が遅くなるように加工した化成肥料もあり、「緩効性肥料」と呼ばれています。

ゆっくり肥料を効かせる場面では有機質肥料、すぐに肥料を効かせる場面では速効性の化成肥料を用います。

実際に、ハナミズキなどの花木では、12月上旬～2月上旬には、寒肥として堆肥と油かすを混合した有機質肥料を株元の周りの地面に穴を掘り施用します。また、花後のお礼肥として化成肥料と油かすを混合したものを株元周辺にばらまきます。

パンジーやビオラでは、元肥として植え込む用土に緩効性化成肥料を3～5g/1㎡よく混ぜて与え、その後は生育に応じて液肥などで追肥を行います。特に春からの時期は生育と開花が盛んになるので、約1000倍程度の液肥を週に1回程度与えるとよいでしょう。

〖ハナミズキに寒肥を与える〗

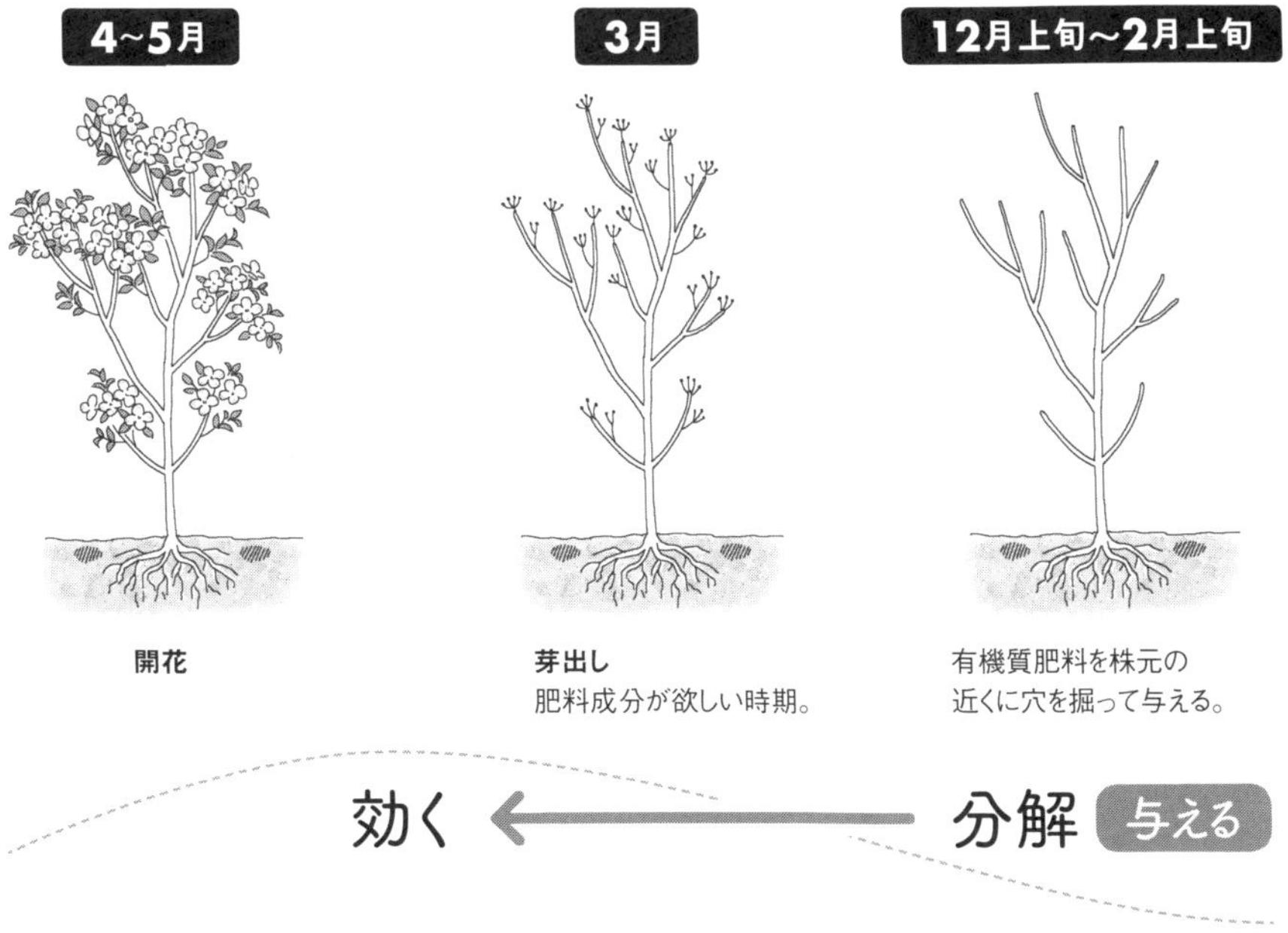
4~5月
3月
12月上旬~2月上旬
開花
芽出し
肥料成分が欲しい時期。
有機質肥料を株元の
近くに穴を掘って与える。
効く
分解
与える

〖パンジーに肥料を与える〗

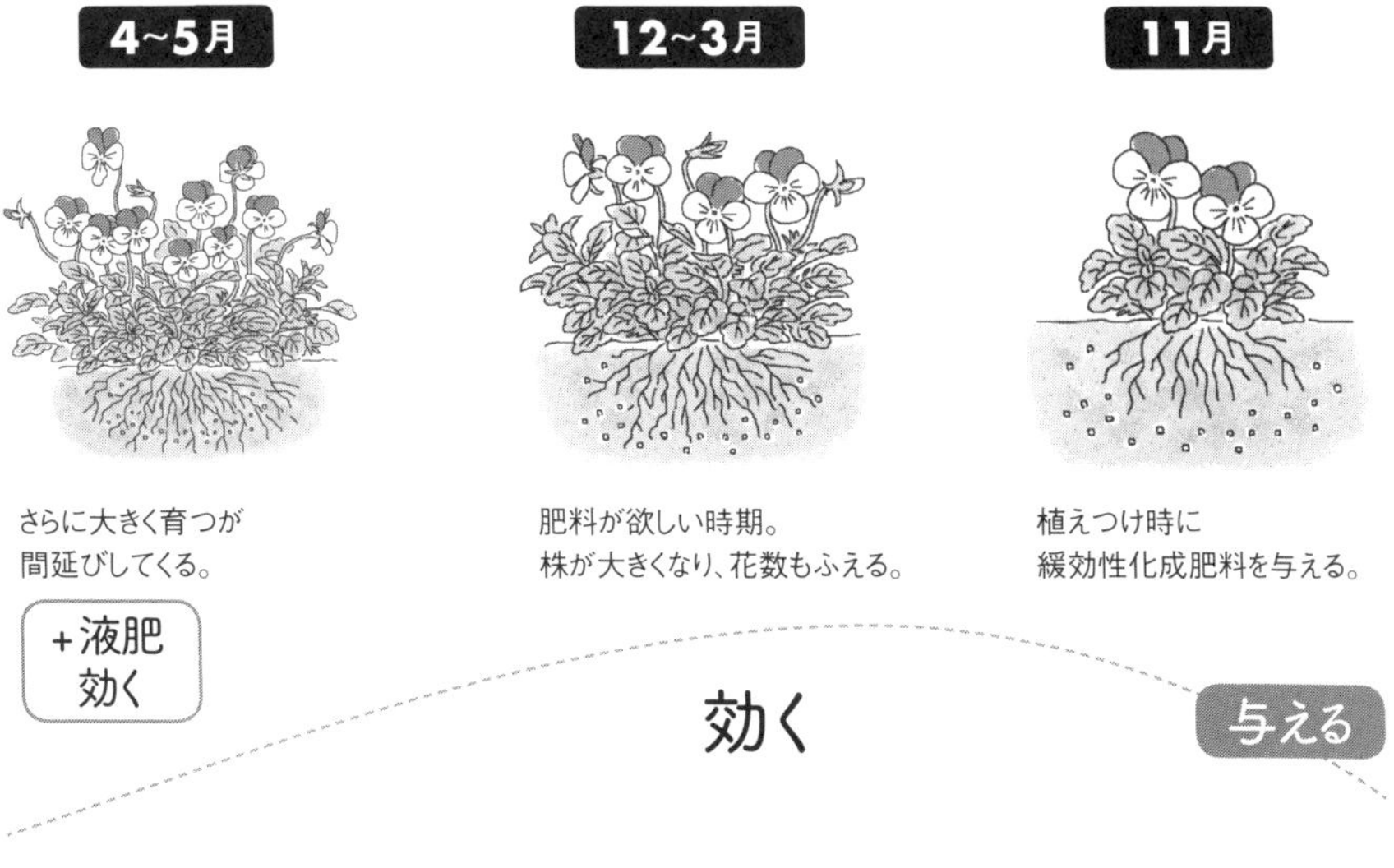
4~5月
12~3月
11月
さらに大きく育つが
間延びしてくる。
+液肥
効く
肥料が欲しい時期。
株が大きくなり、花数もふえる。
植えつけ時に
緩効性化成肥料を与える。
効く
与える

（中級）✿✿✿

季節で肥料を変えたほうがよいですか？

ここがコツ！

植物の成長ペースに合わせて、適した肥料を与えましょう。

植物の成長や時期に合った肥料を選びます。

季節によって気温や雨の降り方に変動があるように、植物もそれに合わせて成長の緩慢や栄養成長か生殖成長かの切り替えを行います。ですから、植物の成長する時期に合わせた施肥を行いたいものです。

植物の生育に適した時期である春や秋には、肥料を効かせて植物の成長を促すと効果的です。生育が活発な時期に、速効性のある液肥などを水やりがわりに与え、養分を補います。

また、梅雨の降雨量が多いときには、肥料成分が雨によって流亡してしまうことも多いものです。そういう時期には、流亡を防ぐためにも緩効性の化成肥料を使いたいものです。

厳冬期に施す寒肥には、有機質の油かす主体の固形肥料を、梅雨や夏場は有機質肥料が腐ったりカビが生えたりするので、有機質肥料を控え、化成肥料や液肥を用います。

四季咲きのバラは開花のためのエネルギーが必要なので、寒肥には有機質肥料、芽出し肥、春の開花後のお礼肥と秋の開花に向けた夏の追肥には化成肥料を用います。さらに、これらの追肥に、発酵油かすを、適量施用してもよいでしょう。

このように、**植物の成長する時期や生育のペースに合わせて、有機質肥料か化成肥料かを選び、組み合わせて使っていけば、より株が充実して花がつきやすくなり、結果としてたくさんの花を咲かせられることになります。**

〖バラの寒肥の施肥の仕方〗

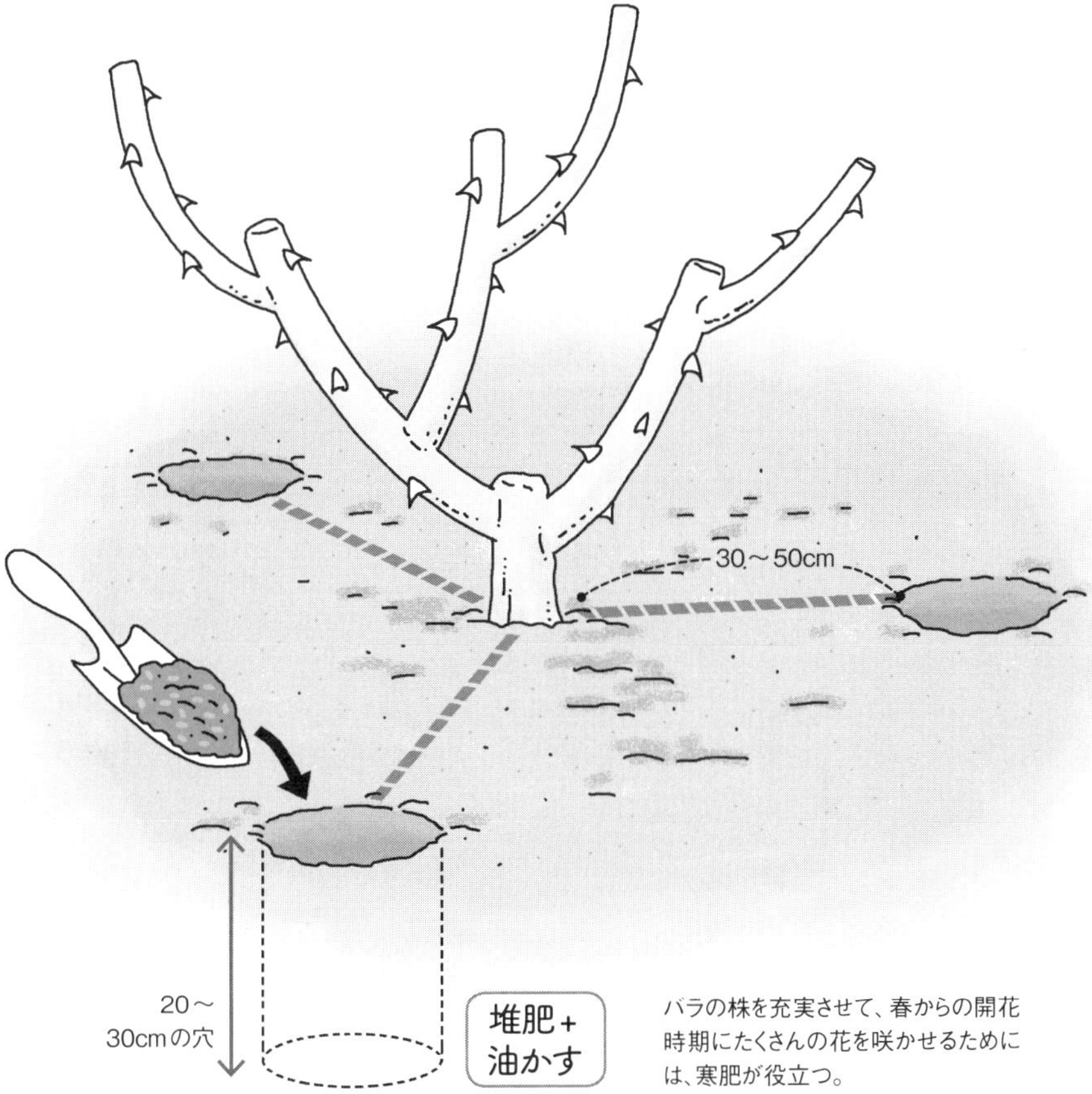

バラの株を充実させて、春からの開花時期にたくさんの花を咲かせるためには、寒肥が役立つ。

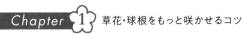

（中級）✿✿✿

何種類もの肥料を使ってもよいのですか？

ここがコツ！

何種類の肥料を使っても、正しく使えば問題ありません。

肥料を組み合わせて使うと、効果が上がります。

化成肥料、有機質肥料ともに、肥料の効果はいつまでも続くわけではありません。新しいものに取り換えるか、液肥などで補充する必要があります。

最近は家庭園芸用にいろいろなタイプの肥料が開発され、売られています。園芸をよく知らない人でも手軽に使えて失敗しないように開発されています。**それらの肥料と有機質肥料や一般的な化成肥料とをうまく組み合わせて使いたいものです**。

それらの肥料や従来の化成肥料でも、肥効期間が明示されているものがあります。例えば、「よく効く肥料60」、「よく効く肥料100」、「よく効く肥料120」という名称の緩効性肥料があるとします。この名称についている数値は、肥料が効いている期間を表示しているのです。

具体的には、通常の水やりや管理で、これらの日数（60日、100日、120日）の期間、肥料の効果が継続するということを示しています。この肥効期間が過ぎたら、新しいものを施用しましょう。古い肥料が土壌表面に残っていて、見苦しいと思ったら、取り除いてください。気にならなければそのままにしておいても問題なく、自然に分解して消失します。

また、**液肥を他の肥料とうまく組み合わせて使いたいものです**。液肥は速効性があり、製品によって多少異なりますが、植物に与えてから1時間半から3時間程度で吸収され始めます。ですから、よく観察していると、効果が表れる様子がわかります。

〚 肥料の効果がある期間を確認する 〛

マグァンプK 小粒

ネクスコート観葉植物用

〚 粒状化成肥料と液肥のダブル使い 〛

株に力をつける肥料をベースに、速効性がある液肥をダブル使い。
生育期のクレマチスなどにおすすめです。

用土を軽く掘って粒状化成肥料を穴に入れ、表面の土を埋め戻す。

鉢底穴から出るまで水を与える。

規定倍率に水で薄めた液肥を与える。

活力剤を使うと花数がふえますか？

（初級）✿✿✿

ここがコツ！ **まず、丈夫で充実した株に育てましょう。**

植物の生育がよくない際に、補助的に使ってみるとよいでしょう。

植物活力剤としていろいろなものが販売されています。それでは、この活力剤とはどういうものでしょうか。まず、**活力剤は肥料ではありません**。活力剤には、微量要素やビタミン類、アミノ酸などが含まれています。ちょうど、**人が飲む栄養ドリンクのようなものです**。それらにどれくらいの効果があるのか、あまり大きな期待をしてはよくないと思われます。

それでは、いわゆる活力剤にはどのような成分が入っているのでしょうか。商品として公表されているものからみると、おおよそ以下のような成分が含まれ、それらが植物に活力を与え、おいしい野菜がとれ、美しい花が咲くとうたってあります。

それらの成分にはアミノ酸、フルボ酸、コリン、微量要素類（鉄、銅、亜鉛、モリブデンなど）、ビタミン類、カルシウムなどがあるようです。このうち、微量要素について、通常の有機物を多く含んでいる土では、それらの要素の欠乏が起こることはあまりありませんが、土壌酸度が偏っていたり、連作などが原因で微量要素の欠乏症が起こります。葉が黄化したり、変形、萎縮していると要注意です。これらの葉への症状により光合成が阻害され、ひいては生育を衰えさせ、開花にも影響が出てきます。同様にカルシウムの欠乏でも、葉が黄化します。

フルボ酸は植物が微生物により分解される最終産物の腐植質のうちの高分子有機酸で土壌中に広く分布し

ていて、植物の成長を促進する効果データがあります。土中の微量要素類と結合し、植物の養分吸収を高めるといわれています。コリンはビタミンの一種で、根張りをよくし、根の活着を促進します。アミノ酸はタンパク質の構成要素で、生物では約20種類のアミノ酸から構成されています。これらのアミノ酸は、根圏の土壌微生物のエサとなり、土壌有用微生物を活性化することにより、土の団粒化を促進します。

上記のような成分から植物活力剤はつくられていて、植物の生育がよくない際に、補助的に使われるものです。従って、肥培管理され健全な生育をしている植物には不要なものでもあります。

〖さまざまな活力剤〗

バイオゴールド　バイタル

植物を生き生きさせ、抵抗力をつける天然活性液。肥料の吸収力が高まる。

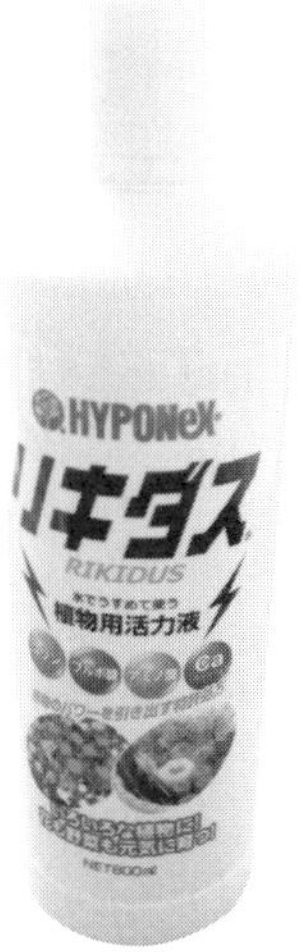

リキダス

水で薄めて使う植物用活力液。コリン・フルボ酸・アミノ酸・カルシウムなどを配合。

ストレスブロック

天然由来原料からつくられた新分野資材。抵抗力や免疫力などを引き出す。

バイタルV-RNA

植物・鉱物由来の天然成分で、有効菌をふやし、弱った植物をケアする。

（初級）

主な草花の種類ごとの咲かせるコツを教えてください。

ここがコツ！

育てる植物の故郷を知っておくと、栽培のヒントになります。生育特性がわかると栽培に役立ち、よりたくさんの花を楽しめます。

ここでは、代表的な草花の開花特性について、環境（光周性または日長感応性、温度特性など）への反応性をあげ、より花を咲かせるには栽培上どんな点に注意をすべきなのか、要点を示しました。

ペチュニア

もともとペチュニアはブラジル南部からアルゼンチンにかけての開けた草原に自生していることから、**日当たりのよいところを好み、日陰に植栽すると、咲きにくくなります**。枝が伸びすぎて草姿が乱れてしまった際は、**切り戻すと、その直下の芽から新しい枝が出てきて開花します**。枝が混みすぎた場合は、細い枝を整理して風通しをよくします。肥料成分の窒素分が多いと葉の緑色が濃くなり、枝ばかり伸びて花芽が少なくなります。**ハンギングバスケットに植えて高いところにつるすと、花つきがよくなります**。

本来は長日植物で日が長くならないと咲かない植物ですが、品種改良により相対的長日植物（どんな日長でも開花しますが、より長日で開花する植物）となっています。そのため、高温長日でよく開花し、基部の分枝が少なくなり節間が伸びます。それに対し、低温短日下では開花しにくくなりますが、基部分枝は多くなって節間は詰まります。開花適温は20～25℃ですが、現在の極早生品種では、秋の短日期でも10℃程度の温度でも、花数は少なくなりますが、開花を続けます。

マーガレット

ダイアンサス

雪割草

ペチュニア

マーガレット

品種改良が進み、**花色、着花数、枝数、茎の伸び具合などさまざまな品種があるので、用途や場所に応じた品種を選びます。日当たりがよく、砂質で水はけのよい場所に植えます。**水やりはやや乾燥気味のほうが生育がよいのですが、プランター植えの場合は、乾燥させすぎないようにします。春から10月まで旺盛に生育するので、植える際には緩効性化成肥料を施用します。窒素分が多すぎると、花つきが悪くなり、株も軟弱に育つので、注意をしましょう。

高温で花芽形成が抑制され、やや冷涼な温度で花芽形成する性質があるので、夏は開花を休み、秋と春に開花します。

雪割草

園芸的には雪割草といわれていますが、ミスミソウ、オオミスミソウ、スハマソウ、ケスハマソウの4種を総称する園芸植物名です。

主に野生種は落葉樹林下に生育していますので、**芽が出てから開花が終了するまでは、明るい日が差す場**

所に植栽します。鉢植えは開花後は風通しのよい半日陰や日陰に置きます。冬は常緑の葉を傷めないよう、北風から保護します。開花までの成長期には、水を十分与え、その後は土の表面が乾いたらたっぷり水やりします。高温多湿時の過湿は避けます。春と秋に緩効性化成肥料を鉢に1錠置き肥し、開花後から初夏にかけては、1週間に1回、液肥を施用します。

パンジー

パンジー・ビオラ

本来、長日性で春咲きでしたが、品種改良により、日長に関係なく咲く中日性へと、また、冬の低温短日でも花芽ができるようになり、秋から冬、春まで開花する花壇の主要な花となりました。品種改良に用いられた野生種が冷涼な気候を好み、厳しい寒さに耐える耐凍性植物ですので、とても寒さに強い植物ですが、よりビオラのほうが低温に耐性があります。条件が整えば宿根草に近い生育をしますが、高温多湿を嫌うため、秋まき一年草として扱われています。日当たりのよい場所に植え、緩効性の肥料を施用します。**コンテナに植える場合、霜の当たらない南向きの軒下に置くのが理想的です。**

有機質の多い用土に植えつけ、根張りをよくすると株が大きくなり花数をふやすことができます。

ゼラニウム

ゼラニウムには、半低木状に育つタイプのいわゆるゼラニウムと、横にはうように伸びるタイプのアイビーゼラニウムがあります。

ゼラニウム

アイビーゼラニウム

ビオラ

乾燥に強く、四季咲き性で、日当たりがよければ、絶え間なく咲き続けます。ただし、夏の高温多湿では、開花を休むことがあります。**日当たりのよい乾燥した場所を好むので、雨の当たらない場所で、プランターなどのコンテナで栽培するほうがよく花が咲きます。**日陰で栽培すると徒長し、花つきが悪くなります。緩効性の化成肥料を月に1回施用し、液肥の場合、週に1回、水やりがわりに与えます。冬と夏は、根腐れの原因となるので、施肥は控えます。

ゼラニウムの生育適温は18~23℃で、27℃以上の気温が続くと葉色が黄色くなるような高温障害が発生します。

ダイアンサス

ダイアンサスとはナデシコ、セキチク、カーネーションの属名ですが、ここでいうダイアンサスは、中国原産のセキチクやヨーロッパ原産のビジョナデシコ（ヒゲナデシコ）とその交配種を指します。**耐寒性が強く、育てやすい植物です。四季咲き性の品種もあり、春から秋まで楽しめます。日当たりと水はけのよい場所に植えます。**

サルビア・レウカンサ
（メキシカンブッシュセージ）

サルビア・プラテンシス
（メドーセージ）

高温多湿を嫌うので、風通しをよくします。特に梅雨時にむれないようにします。開花後は、株を半分くらいに刈り込んだり、混み合ったところを透かしたりします。

セージ類

シソ科サルビア属の植物を指し、世界中に900種以上もあり、温帯から亜熱帯を中心に海岸から高地まで分布しています。多くは宿根草で、筒状の唇形の花が多数つくことが特徴です。葉が香るものがあり、古来から薬用や香料用に利用されています。

サルビア・プラテンシス（メドーセージ）

耐寒性が強く、ロゼットで冬越しし、春から秋に開花します。高温多湿を嫌うので、水はけのよい場所に植えます。梅雨時までに花茎や傷んだ葉を除去し、株元が過湿にならないようにします。

サルビア・レウカンサ（メキシカンブッシュセージ）

ビロード状の紫色のがくと白い花との調和が美しい植物です。春から花茎を伸ばし、9月中旬～11月に開

サルビア・エレガンス
(パイナップルセージ)

サルビア・オフィシナリス
(コモンセージ)

花します。

サルビア・エレガンス（パイナップルセージ）

10月頃から開花し、葉に触れるとパイナップルのような香りがします。

レウカンサとエレガンスの2種は南北アメリカ大陸原産で、耐暑性が強く、温暖地で栽培がしやすい種です。

サルビア・オフィシナリス（コモンセージ）

ヨーロッパ南部、アフリカ北部に分布し、薬草として利用されてきたセージの代表種です。乾燥した気候を好むため、日当たりのよい乾き気味の場所に植えます。低木性なので、梅雨の前に枝を刈り込んで株元の風通しをよくします。

植物を育てる際には、その植物の故郷を知っておく必要があり、もともとっている生育特性をわきまえたうえで、栽培しましょう。そうすることで、よりたくさんの花を楽しむことができます。

（初級）✿✿✿

よい花が咲く球根の見分け方はありますか？

ここがコツ！

種類ごとの球根の大きさが大切です。

ふっくらと大きくて重く、充実した球根を選びます。

本来、球根は、その球の中に、生育して開花を迎え結実できるエネルギーをすべて蓄えています。

例えば、チューリップの球根では、秋に植えつけた際には、すでに球根の中に小さな花芽となる部分ができています。植えつけてすぐには茎葉が出てきませんが、寒い冬の間に、低温の中でも小さな花芽が準備を続けていて、花弁、雄しべ、雌しべをしっかりと充実させているのです。

一般的には球根が充実していて大きければ、当然、その中の花芽も大きいはずです。形がきれいで表面に傷みがなく、手で持ったときにずっしりと重く、ふっくらと大きな球根を選ぶとよいでしょう。

注意点としては、販売されている一つの球根が大きくても外皮の内側に球根が2～3個に分かれている（分球）している場合があります。その場合は、分かれた球根それぞれが小さく、咲いてくる花が小さかったり、花が咲かないものもあるので気をつけましょう。

球根の種類ごとに、球根の標準的な形や大きさが異なります。さらに、同じ種類の球根でも品種により球根の標準的な大きさが異なることがあります。いずれの場合も、標準より小さくて貧弱な球根は、球根内に花芽ができていないことがあります。逆に、標準より立派な球根はよい花が期待できます。

なお、水栽培の場合は、庭植え用よりも充実した球根を選ばないと花が咲かないことがあります。

〚主な球根の種類〛

水栽培用の球根

アマリリス

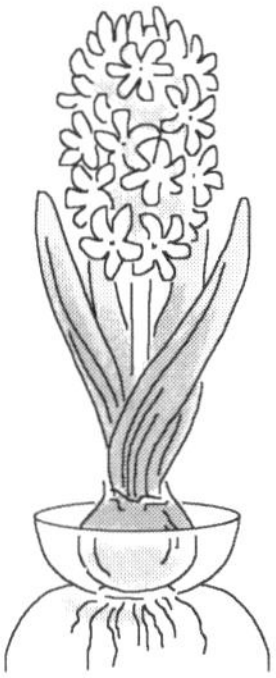

ヒアシンス

水耕栽培の場合は、特に充実した球根を選ぶ。

〚よい球根の選び方〛

植えつけ時期よりも早めに購入しておく。遅くなると売れ残りで傷んでいたり、質が悪いこともある。

形がきれいで表面に病斑や傷みがないもの。

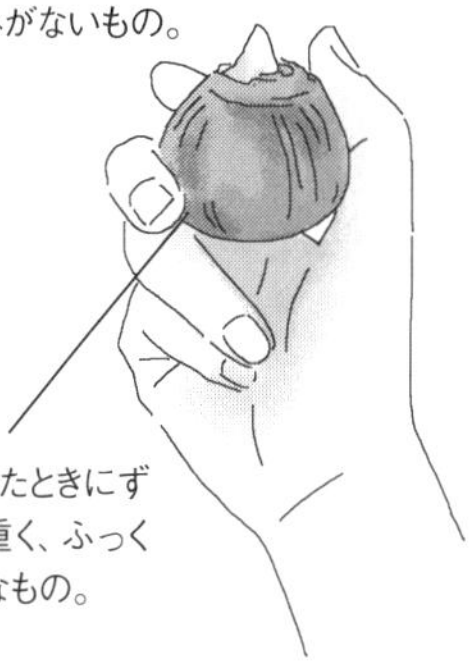

手で持ったときにずっしりと重く、ふっくらと大きなもの。

庭植え用の球根

チューリップ

スイセン

ムスカリ

オキザリス

スノーフレーク

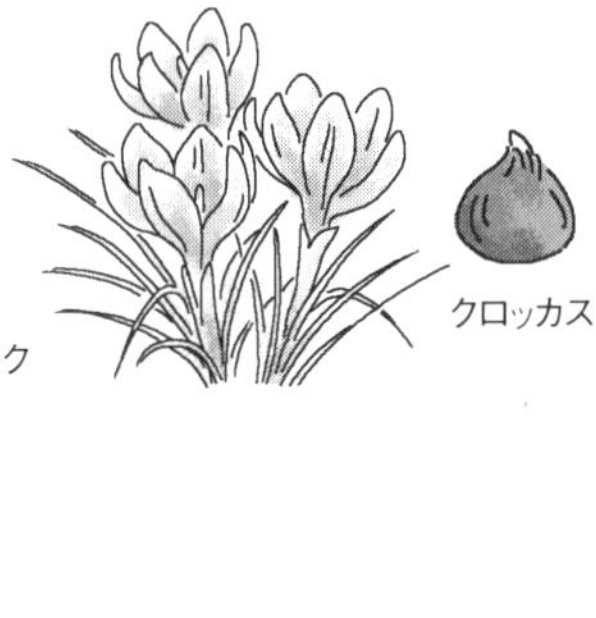

クロッカス

（初級）

タネまきの時期で、花数が変わりますか？

生育の適期に合わせてタネまきをすると、花がよく咲くようになります。

ここがコツ！

適期にタネまきをすると、株がよく育って花数がふえます。

どんな植物にもタネをまく適期があり、その時機を逃すと、ちゃんと生育せず、開花しないことがあります。場合によっては、残念ながらまったく発芽しないことさえあるのです。

本来、タネには休眠期があり、タネが熟すと一定期間、休眠し、自然状態では発芽に適する環境になると発芽してきます。

開花して結実し、タネをつけることが、その植物にとっては「寒さや暑さ、乾燥などの生育に適さない環境に向かって生き残るための戦略」であり、タネが熟す時期は、その植物にとって「生育に適さない時期」なのです。タネは硬い種皮に保護されているので、厳しい環境を乗り切ることができます。そして、ちょうど生育に適した環境になると発芽が進みます。タネが熟し完成した時点から発芽に適する環境になるまでの期間、無理に発芽せず休眠するのです。そのように植物は環境に適応し、プログラミングされてきているのです。

通常、タネから育てる一・二年草については、春まきのものでは、春のお彼岸の頃に、秋まきのものでは、秋のお彼岸の頃にタネをまきます。このタネまきの適期が遅れると、十分な成長をしていない時期に日の長さや温度変化に反応してしまい、茎葉が展開したり伸びる栄養成長から、成熟し花をつける生殖成長に移行してしまいます。

〚主な草花のタネまき適期〛

アサガオ	4～6月	コスモス	3～8月	マリーゴールド	4～6月
アゲラタム	4～6月	サルビア	4～6月	ヒマワリ	4～6月
インパチエンス	3～5月	ジニア	4～7月	ペチュニア	3～5月
ケイトウ	4～6月	ニチニチソウ	4～5月		

*関東の平野部を標準とする。

〚トルコギキョウの栽培カレンダー〛

	1	2	3	4	5	6	7	8	9	10	11	12月
冬～春まき	タネまき		定植	生育	生育	生育	開花	開花				タネまき
秋まき	生育	生育		開花	開花				タネまき	タネまき	定植	生育
夏まき	生育	生育	生育		開花	開花	タネまき	タネまき	定植	生育	生育	生育

*関東の平野部を標準とする。

そうなると通常通りに生育をした場合よりも草丈が低くなったり、十分に分枝できなくなり、その結果、つぼみの数が少ない（＝花数が少ない）状態になってしまいます。

トルコギキョウは、冬から春にタネをまくと、順調に花茎が伸長し、夏に開花します。秋にタネをまくと、翌年の4～5月に開花します。しかし、夏にタネをまくと秋から冬にロゼット状に生育し（茎が伸長せず、地面に張りついたようになる）、秋まきより開花が遅れ、5～6月に開花します。

これは夏の高温を幼苗時に受けると成長の活性が低下し、秋以降の涼温・短日のもとで、形態的にロゼット状になってしまい、花茎の伸長が遅れるためです。

このトルコギキョウのように、タネから開花まで複雑な反応を示す植物もあります。従って、**タネを適期にまくことが順調な生育につながり、花がよく咲くことになるのです。**

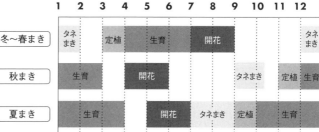

植えつける時期によって、花数が変わりますか？

（初級）✿✿✿

ここがコツ!

適した時期に植えつけるとよく育つので、花数もふえます。

その植物の適期に植えつけることが大切。

どの植物も開花適期に開花最盛期を迎えるようにタネまきの適期や苗の定植適期が決まっています。適期より遅かったり、早すぎたりすると、本来のよい花が咲かないことがあります。

植えつけの時期が遅いと株が十分に育たず、生育が未熟な株のままで花をつけるので、花数が少なくなってしまいます。また、未熟で株が充実していないため、花一輪一輪の大きさが小さくなることもあります。

その反対に、植えつけの時期が早すぎると株ばかりが茂りすぎて（＝栄養成長が盛んになりすぎる）、よい花が咲かない場合があります。つまり、茎葉の占有面積のほうが大きくなりすぎて、花とのバランスが悪くなることもあるということです。

植物の栽培は、その植物の生育に最適な気温や乾湿、日長のときに行うと苗は順調に育ち、適度な大きさで花芽をつけ、本来の花を咲かせることができるのです。従って、美しい花をたくさん咲かせるためにも、その植物本来の適期に植えつけましょう。

主な草花の植えつけ適期

パンジー	9～4月
サルビア	4～10月
ジニア	4～10月
ニチニチソウ	4～8月
ダリア	4～6月 9月
チューリップ	10～12月
マーガレット	3～5月
マリーゴールド	3～6月 9～10月
プリムラ	10～3月
ベゴニア	4～6月 9～10月
ペチュニア	3～6月 9～10月

＊関東の平野部を標準とする。

Column 2

花器官形成とABCモデル

本来あるべき器官が他の器官に置き換わってしまう突然変異があり、遺伝学的に解析されてABCの3つのクラスの遺伝子の組み合わせにより解釈できるという分子遺伝学的モデル「ABC」モデルが、1991年に提唱されました。

ABCモデルでは、外側から4つの領域を仮定し、Aクラス遺伝子、Bクラス遺伝子、Cクラス遺伝子の3種類の遺伝子を想定します。Aクラス遺伝子は外側の領域1と2、Bクラス遺伝子は領域2と3、Cクラス遺伝子は領域3と4で機能します。領域1ではAクラス遺伝子が単独で働くとがく片をつくり、領域2ではAクラス遺伝子とBクラス遺伝子がともに働くと花弁を、領域3ではBクラス遺伝子とCクラス遺伝子がともに働くと雄しべを、領域4ではCクラス遺伝子が単独で働くと雌しべをつくると考えます。

突然変異により、どれかのクラスの遺伝子が機能しなくなると、本来の器官がつくられず、異常な花となります。例えば、Cクラスの遺伝子が機能しなくなった突然変異体では、領域1と4ではがく片が、領域2と3では花弁がつくられ、雄しべと雌しべがない八重咲きの花がつくられることになります。

バラにロサ・キネンシス・ヴィリディフローラという変わりものの品種があり、緑色のがく片しかつくらないので、グリーンローズとも呼ばれています。これも突然変異により、Aクラス遺伝子しか働かないため、花弁も雄しべ、雌しべもつくらず、がく片だけをつくり続けることによります。

左のような単純なモデルで花の器官形成が説明できますが、非常に複雑な花をもつ花き園芸植物では、単純に説明できないものもあるようです。

〖ABC モデルによる花の形態形成〗

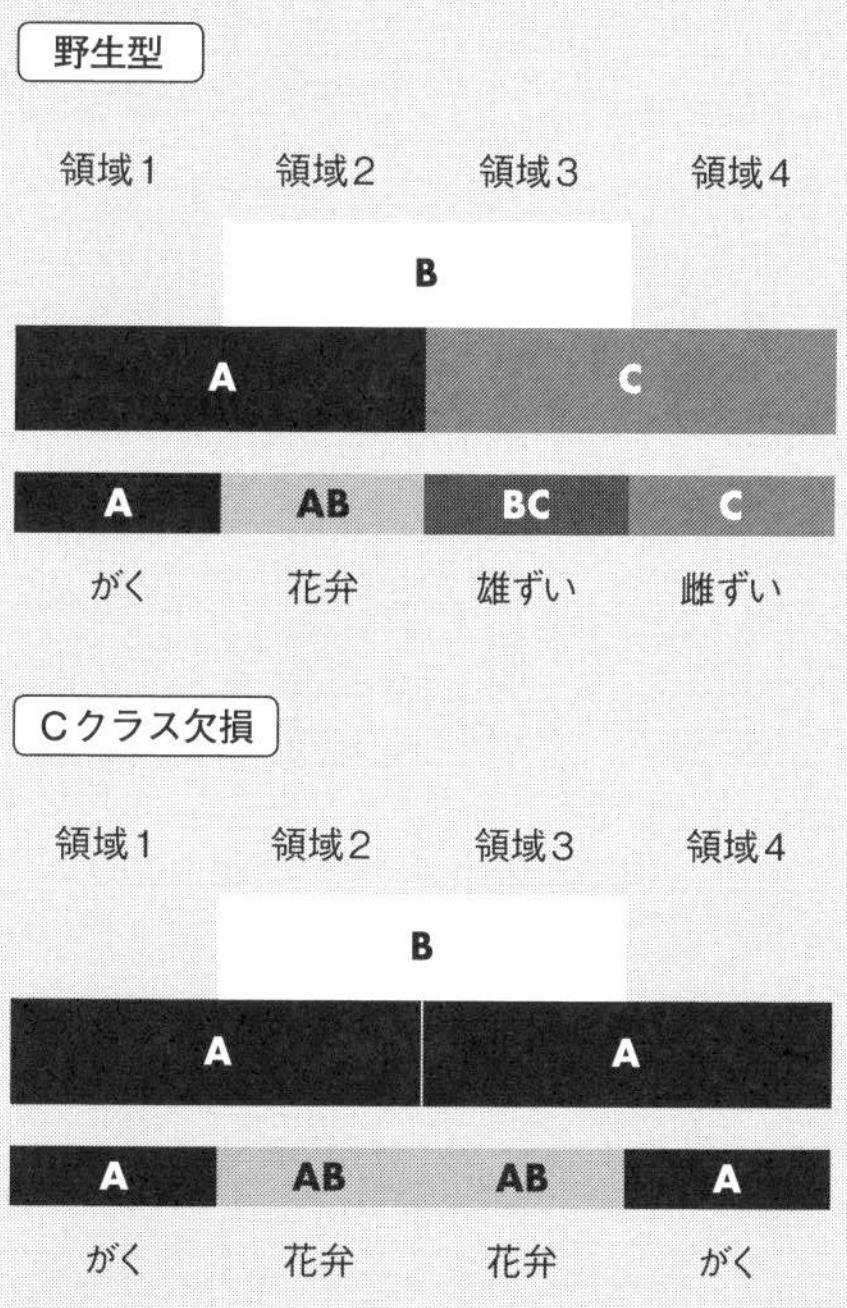
野生型
領域1
領域2
領域3
領域4
B
A
C
A
AB
BC
C
がく
花弁
雄ずい
雌ずい
Cクラス欠損
領域1
領域2
領域3
領域4
B
A
A
A
AB
AB
A
がく
花弁
花弁
がく

（初級）✿✿✿

球根を翌年も咲かせるには、どうしたらよいですか？

植えっぱなしにできるものと掘り上げるもので管理が異なります。

ここがコツ！

初心者は、植えっぱなしにできる球根を選び、葉がある生育期に肥培します。

球根には、花が終わった後に植えっぱなしにしてよいものと、そうでないものの2種類があります。

植えっぱなしにしてよい球根とは、一度植えたら一作した後も生育が悪くなったり、花が咲かなくなったりしない球根のことをいいます。これを決めるポイントは、開花して結実した後に迎える休眠期間の気候です。これに耐えられない場合は「掘り上げ」、耐えられる場合は「植えっぱなし」ということになります。また、一作の開花で球根に蓄えられていた養分を使い切ってしまう場合も植えっぱなしはできません。

さらに、「春植え球根」と「秋植え球根」では、花が終わった後の気候条件が異なるため、その気候を乗り切れるかどうかも異なります。春植え球根の場合、夏に開花し、その後の低温に耐えられない（耐寒性がない）植物の場合は掘り上げます。耐寒性がある場合は植えっぱなしにします。

一方、秋植え球根の場合は、春の開花後に真夏の高温多湿に耐えられるかどうかで決まります。一般に、秋植え球根には地中海沿岸地域原産のものが多く、地中海沿岸の気候は冬雨気候なので、雨が降る間に生育（葉を出し、開花する）します。初夏から秋まではほとんど雨が降らないため、その間は球根に貯蔵されている養水分のみで休眠しながら生きています。この休眠期間に、降雨や高温による生育への影響を受けるものは、掘り上げなければなりません。

植えっぱなしができる球根

ムスカリ、クロコスミア（モントブレチア）、ハナニラ、ゼフィランサス、エリスロニウム（カタクリ）、ステンベルギア、スイセン、スノーフレーク、チオノドクサ、ヒガンバナ、リコリス、スクアミゲラ（ナツズイセン）、オキザリス、シラーなど

暖地でのみ、植えっぱなしが可能な球根

ダリア、カンナ、ジンジャー、ハブランサス

〚 植えっぱなし球根と掘り上げ球根 〛

多くのスイセンは、植えっぱなしにできる。丈夫で毎年少しずつふえる。

春植えは
耐寒性が
あるもの。
秋植えは
高温多湿
に強いもの。

休眠期の気候に耐性があるもの

園芸種の花が大きなチューリップは、葉が枯れた後に球根を掘り上げる。

春植えは
耐寒性が
ないもの。
秋植えは
高温多湿
に弱いもの。

休眠期の気候に耐性がないもの

球根全般の注意点として、開花し終わったらタネができる前に花を摘み取りましょう。結実させ、さらにそれを放置しておくと、エネルギーを消耗し、翌シーズンに向けて球根を太らせることができなくなってしまいます。さらに植えっぱなしの球根では、花を摘んで残った葉は見苦しいかもしれませんが、黄色くなるまでそのままにしておきましょう。翌年に備え、残った葉でエネルギーを蓄えさせることが大切です。

また、掘り上げ球根で一番気をつけたいのは、掘り上げの適期を逃すことです。もし、逃してしまうと、地上部が枯れて茎が抜けてしまい、茎跡の穴に雨水が入って球根が腐ってしまう場合があります。早めに地上部を取り除き、茎跡の穴ができないように覆土しておきましょう。

以上のことを考慮し、球根を栽培すると、翌年も花を咲かせることができます。

ただし、暖かい地方では、一般的なチューリップはウイルス病にかかりやすく、多くの場合、花後に球根を処分します。植えっぱなしができる球根も、特別なもの以外は3～4年で更新しましょう。

（中級）✿✿✿

球根には多花性と、そうでないものがありますか？

ここがコツ！

花がたくさん咲く房咲きの品種と、無限に花をつける無限花序のものがあります。

球根は、咲き方によって花数が決まります。

球根には種類によってもともと多花性のものとそうでないものがある一方で、品種改良により花数の多いタイプの系統を育成したものがあります。本来、1本の茎に1花しかつけないチューリップ（枝咲きの野生種や園芸品種を除く）やカラーなどから、アリウムやエレムルスのように1茎に無数の花をつけるものまであります。

基本的には、その植物が本来、どのような花序（一輪一輪の花が花茎にどのようにつくか、配置されているか）になるかで決まってきます。まず、花序は有限花序か無限花序かで、花数が限定されてきます。有限花序というのは、花茎の頂部（先端）から下へ咲いていく花序で、チューリップのように1本の花茎に1輪咲く単頂花序や互散花序、岐散花序などがあります。それに対し、無限花序では、花茎の下のほうから上に咲いていき、その過程で、上方に花が追加されれば、どこまでも続いて順次咲いていきます。無限花序には、総状花序、穂状花序などがあります。エレムルスの花序は総状花序、リアトリスは穂状花序になります。

従って、無限花序をもつ球根では、品種改良により、花数を無限にふやすことができるようになります。また、一つの種で、大輪咲きか小中輪咲きかでも、花数が決まってくることがあります。大輪咲きでは、1花茎に花数が少なく、小中輪咲きでは、花数が多いものです。

以上のように、**その植物が、本来どのような花序であるかによって、多花性かどうかが決まってきます。**

〚花の咲き方のいろいろ〛

有限花序

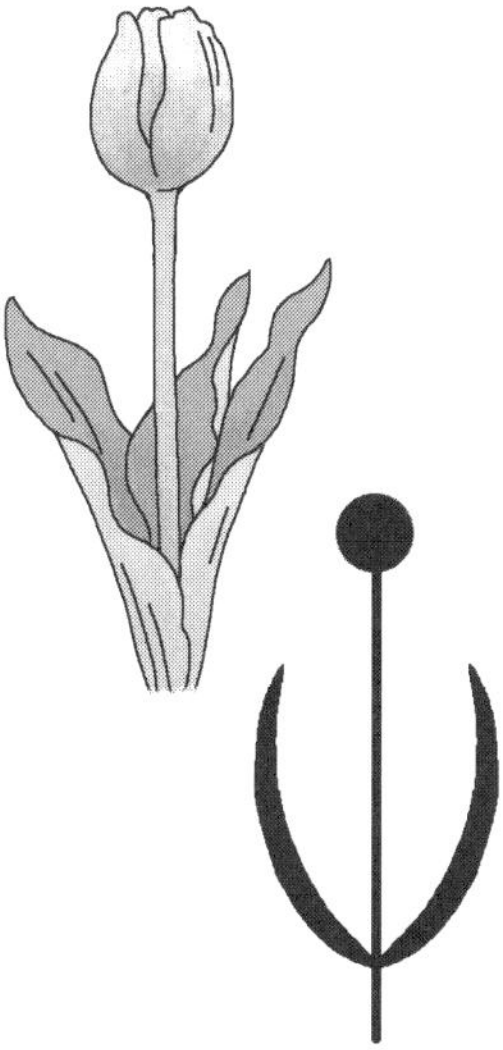

単頂花序 チューリップ

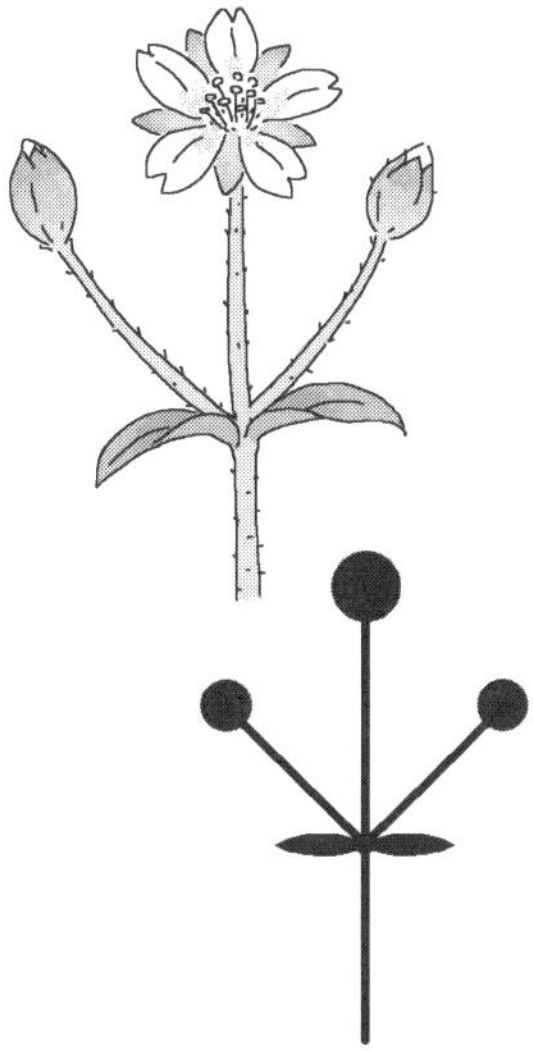

二出集散花序 ミミナグサ

岐散花序 ダイアンサス

無限花序

無限花序 アリウム

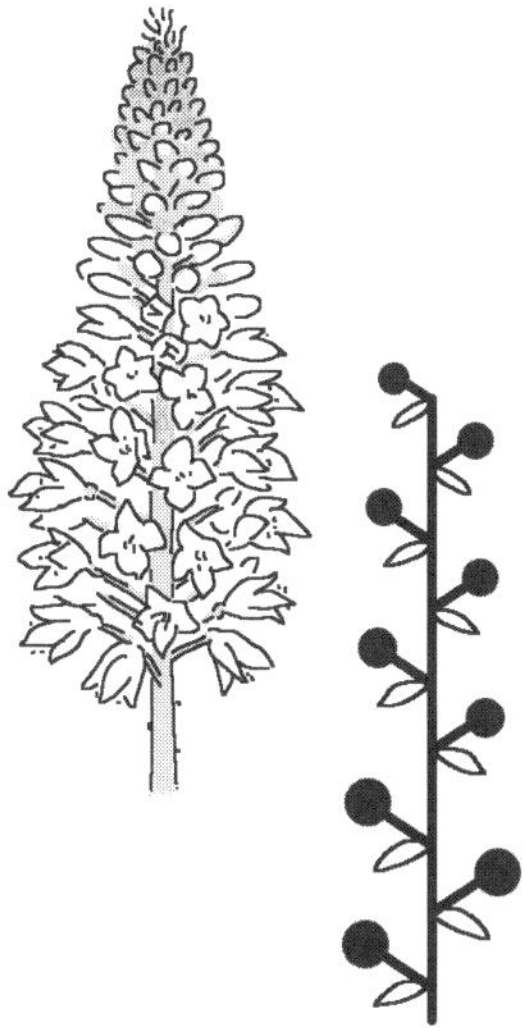

総状花序 エレムルス

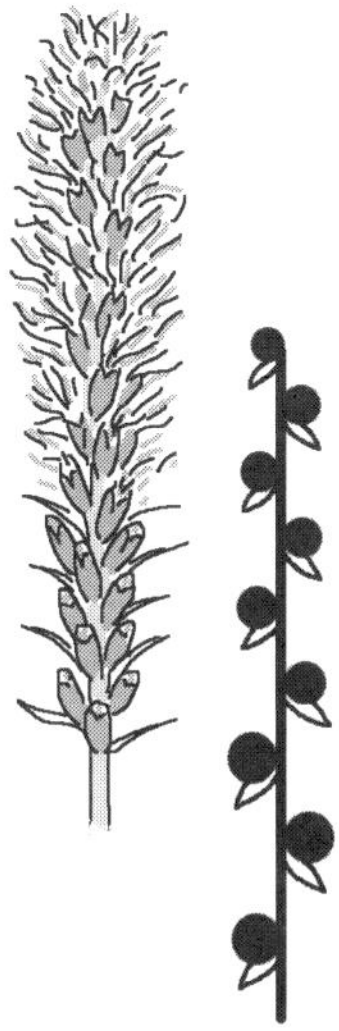

穂状花序 リアトリス

（中級）✿✿✿

球根の肥培のコツはありますか？

ここがコツ！

葉がある生育期に肥料を与えて株を充実させせます。

花が終わっても、できるだけ長く葉を育てます。

一般的な球根では、購入したものを植えつけ花を咲かせます。通常は、球根に養分が蓄積されており、すでにできあがっている花芽がその蓄積養分を使いながら開花します。従って、本来なら肥料がなくても、ちゃんと開花するはずです。しかし、**市販されている球根がどれも充実して立派な花が咲くとは限りません。従って、よい花を咲かせるには、植えつけてからある程度、生育して株が力を蓄えなければなりません。**

ダリアは通常、球根1球に1芽がついた状態で販売されており、よりよい花を咲かせるためには球根を肥大させる必要があります。また、肥料を好む植物ですので、緩効性化成肥料を元肥として施用し、追肥には500～1000倍に希釈した液肥を週に1回施します。

ヒアシンスやクロッカスの場合、「水栽培用」として販売されているものは、球根が充実していて、腐らない限りは開花しますが、「庭植え用」として販売されているものは水栽培用のようには球根が充実していないことがあり、植えつけ後にある程度生育しないと花が咲かないこともあります。そのため、元肥や追肥をちゃんと施用することが大事です。

スイセンのような植えっぱなしの可能な球根では、翌年によい花をつけるためにも、開花後は早めに花茎を切って残った葉をそのままにし、光合成をさせ球根を太らせましょう。できる限り、葉を傷めないようにして、長い間、葉を残しましょう。また、軽く化成肥料を追肥として施用するのも効果的です。

Chapter 2

樹木の花をもっと咲かせるコツ

ヤマボウシ

（初級）
✿✿✿

いつ枝を切っても、花は咲きますか？

ここがコツ！

花芽のある枝を切ると花が咲きません。

花芽の出る時期を知り、適期に切ります。

花を観賞の対象とする花木の剪定では、まず、花芽がどういう時期にどんな位置にできるかを知ることから始まります。それを知らないで、花芽ができてしまっている枝を切ってしまい開花期になったのに花が咲かないか、または、あまり咲かないことになってしまいます。

枝の芽の中で花芽ができていくことを「花芽分化」といいます。木は、枝の先端やわき芽の中にある成長点というところで常に細胞分裂をしながら葉や芽をつくっています。この細胞分裂が花芽をつくるように生殖成長へと転換するのが花芽分化です。この転換は、植物が気温や日の長さといった環境の変化を感じ取ることで始まります。しかし、花芽分化の時期は樹種によって違うため、花木を剪定する際には、その樹種がいつ、枝上のどの芽で花芽分化を起こし、花芽を完成させるのかを知っておく必要があります。

花芽のつき方は大きく2通りに分けられます。前年伸びた枝に花芽がつく「旧枝咲き」と、当年に伸びた枝に花芽がつく「新枝咲き」で、旧枝咲きの花木では、多くが7～8月に花芽分化し、花芽をつけたまま冬を越して翌春から初夏（3～6月）に開花します。それに対して新枝咲きの花木では、その年に伸びた枝に花芽がつき（5～9月に花芽分化）、夏～秋（7～11月）に咲きます。新枝咲きにはサルスベリやムクゲなどが該当し、花芽分化の期間が長い分、花も長く咲き続けます。

このことから、例えば剪定した後に花が咲かない場合は、花芽ができている枝を切ってしまったか、枝を切ったため花芽分化すべき芽を除去してしまったかのどちらかになります。

このような失敗をせず、きちんと花を咲かせるには、開花が終わってから、次の花芽がまだない時期に剪定を行いましょう。旧枝咲きの植物は開花終了後早めに、新枝咲きの植物では冬の休眠期が剪定の適期ということになります。ハナミズキ、モクレン、ツツジのような多くの落葉性の花木は旧枝咲きタイプですので、春の花後は速やかに剪定します。

旧枝咲きと新枝咲きのライフサイクル

旧枝咲き 例:ハナミズキ、モクレン、ツツジなど

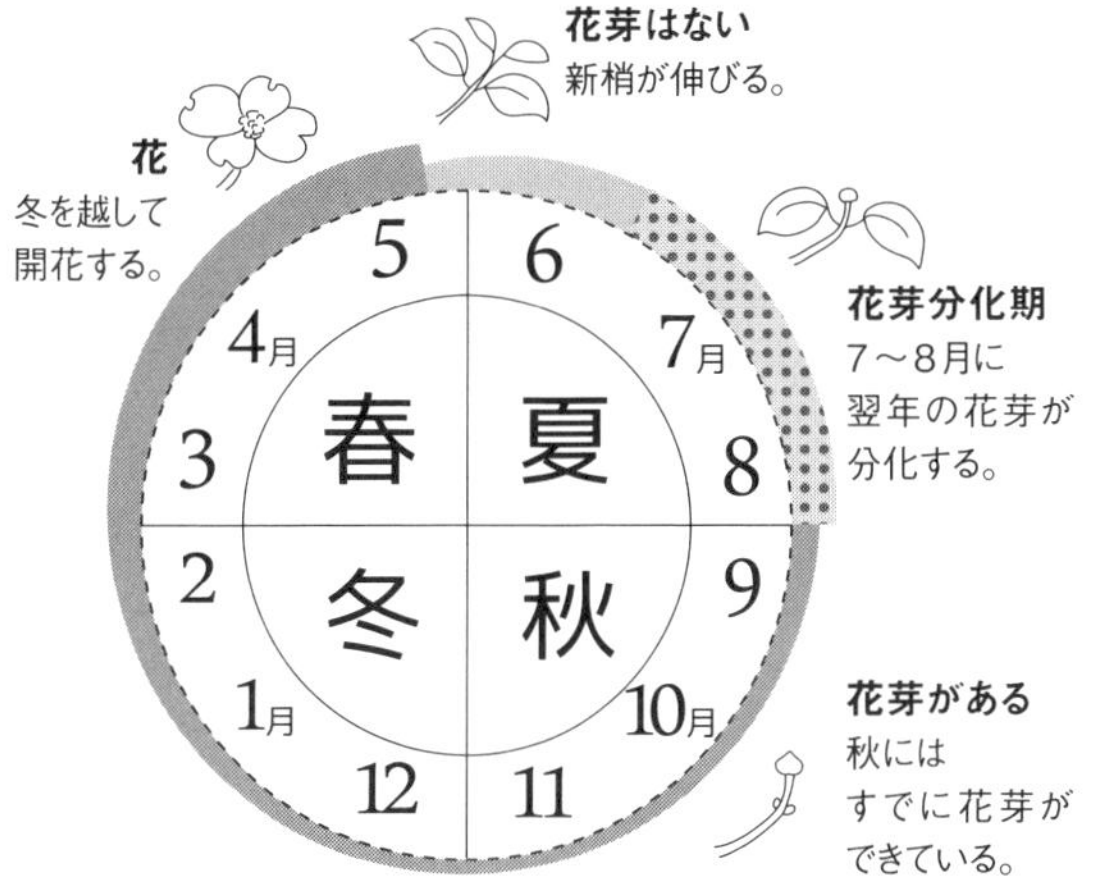

花芽はない
新梢が伸びる。
花
冬を越して開花する。
花芽分化期
7〜8月に翌年の花芽が分化する。
花芽がある
秋にはすでに花芽ができている。
春
夏
冬
秋
1月
2
3
4月
5
6
7月
8
9
10月
11
12

新枝咲き 例:サルスベリ、ムクゲ、キンモクセイなど

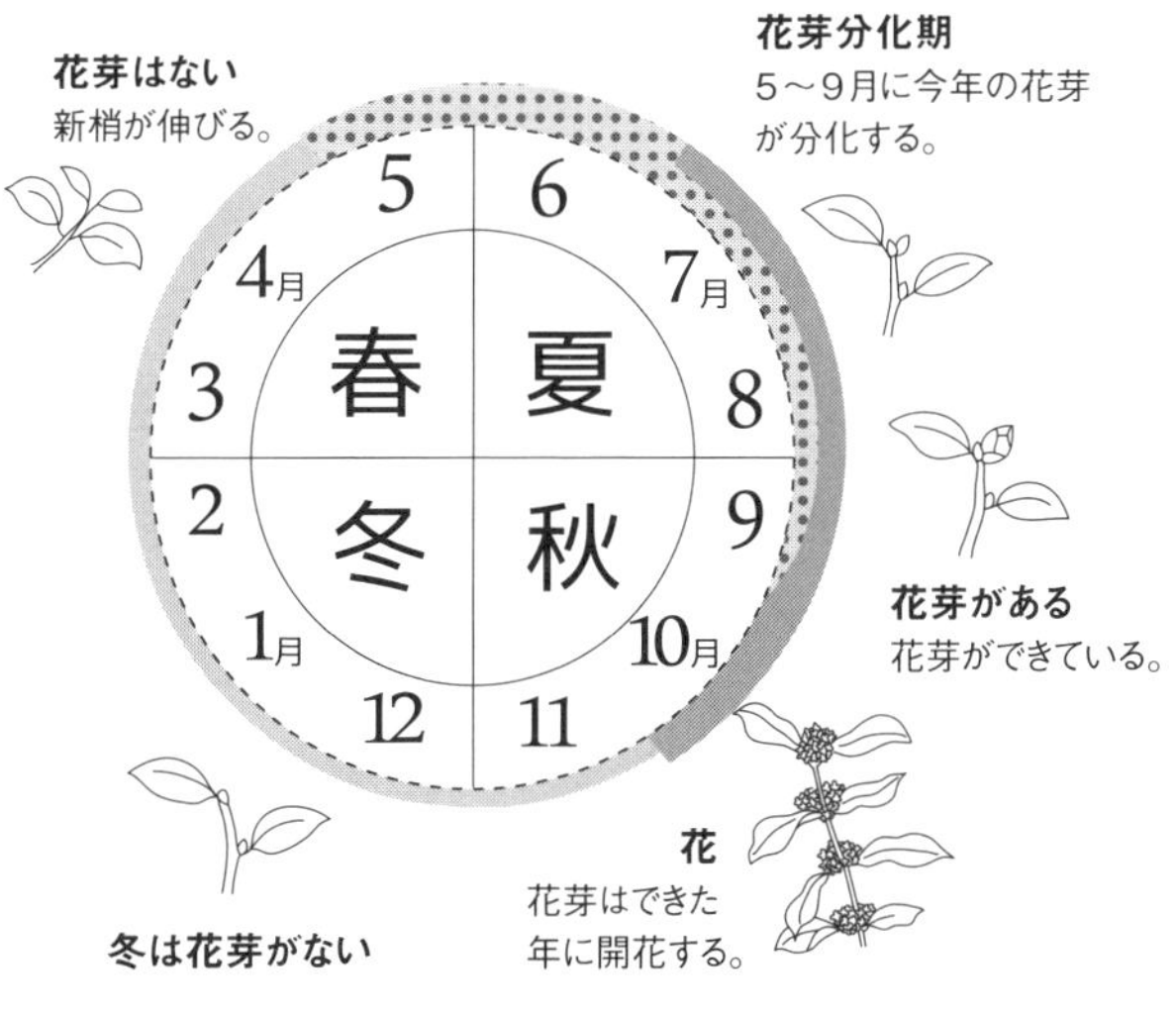

花芽はない
新梢が伸びる。
花芽分化期
5〜9月に今年の花芽が分化する。
花芽がある
花芽ができている。
花
花芽はできた年に開花する。
冬は花芽がない
春
夏
冬
秋
1月
2
3
4月
5
6
7月
8
9
10月
11
12

（初級）

花がよく咲く人気の樹種は何ですか？

ここがコツ！

ハイドランジア・アルボレッセンス'ピンクアナベル'やクロバナロウバイ'アフロディーテ'などがおすすめです。

おすすめの花つきのよい人気樹種です。

アジサイ'ラグランジア・ブライダルシャワー'

今、最も注目されているのが、枝咲きのアジサイ'ラグランジア・ブライダルシャワー'です。**日本で改良された、これまでのアジサイの概念を変える新しいタイプのアジサイです。**今は鉢物として流通・販売されていますが、庭木としてもこれから利用したい品種です。日本の野生種と従来のアジサイとの種間交雑種で、枝のわき芽すべてに花がつくことが、今までにない大きな特徴です。英国のチェルシーフラワーショーで金賞、日本のジャパンフラワーセレクションで最優秀賞を受賞し、内外で高く評価されています。咲き始めは爽やかなライムグリーンで、がくが大きくなるにつれて白色に、最後はやさしい薄ピンク色へ花色が変わります。

コルクウィッチア・アマビリス'ピンク・クラウド'

スイカズラ科の中国原産の花木で、庭植えや修景植栽に向きます。**枝垂れる枝に小さな薄ピンク色の愛らしい花を密につけ、まるでシダレザクラのように葉が隠れるほどに株が花で覆われた美しい姿になります。**耐寒性も強く、生育旺盛な強健品種です。

ハイドランジア・アルボレッセンス'ピンクアナベル'

アメリカノリノキまたはアメリカアジサイと呼ばれるアジサイの品種に、'アナベル'がありますが、この品種にピンクのものがあり、'ピンクアナベル'といい

クロバナロウバイ ‘アフロディーテ’

ハイドランジア・アルボレッセンス ‘ピンクアナベル’

ます。‘アナベル’同様、花序が装飾花だけからなり、見事なピンク色の花となります。最近、さらに改良された‘ピンクのアナベル2’という品種が出ており、従来のタイプより茎が太くしっかりとして直立する性質があります。**両品種とも‘アナベル’より花つきがよいのが特徴です。**

ハイドランジア・アルボレッセンス‘ライムのアナベル’

‘アナベル’のライムグリーン色の品種で、**大きな花序をつけますが、茎が丈夫で倒伏にも強い特徴をもっています。**本来の登録品種名は、SMNHALR。

オオデマリ‘メリー・ミルトン’

オオデマリは日本や中国原産のヤブデマリの改良種ですが、その中でも、**この品種は比較的濃いローズピンク色で、樹勢も強く、鉢仕立てでも容易に開花します。**日なたまたは半日陰のところに植栽し、夏はあまり乾燥させないようにしたいものです。開花は6月頃です。

ギンバイカ'ミクロフィラ・バリエガータ'

斑入りの常緑照葉ギンバイカで、葉が小さく密生し、コンパクトな樹姿となります。**夏にウメに似た白い花がたくさん咲き、秋には黒紫色の実がつきます**。葉や茎に香りがあり、ハーブとしても利用されます。ギンバイカはヨーロッパでは、ギリシャ時代から縁起のよい木とされ、庭に植えられてきました。地中海沿岸地方が原産地ですが、意外と丈夫で、関東以西であれば問題なく育ちます。花壇の縁取りや庭の前面に植えたい木です。

ビブルナム'キリマンジャロ・サンライズ'

ヤブデマリの品種で、コンパクトな樹形で、**初夏から雪景色のように上部から株元まで白い花で覆われます**。夏の終わりには、ピンク色の花色で返り咲きします。夏には鮮やかなルビー色の実をつけ、赤から光沢のある黒色に変わります。秋には赤橙色の紅葉が楽しめます。

レンギョウ'ニンバス'

枝を埋め尽くすほど花つきがよく、コンパクトな直立樹形で、鉢栽培でも楽しめます。

イワガラミ'スノーセンセーション'

つる性の落葉木で、**幼苗でも各節に花がつき**、壁面緑化としての利用価値があります。

トキワマンサク'黒美人'、'祝'

'黒美人'は深い黒葉（濃赤紫色）のわい性種で濃紅花品種、'祝'は同様な黒葉で純白色の花が特徴の品種です。**どちらも花つきのよい品種です**。

モクレン'ジェニー'

高木のモクレンのコンパクトな品種で、**花つきがよく**、ワインレッド色の花が咲きます。**樹高が低い若木でも花が咲き、夏に返り咲くこともあります**。コンパクトにまとまるので、鉢栽培も可能です。

タイサンボク'リトルジェム'

小型のタイサンボクで、**若木から花をつけ、かなり低いところにある枝にも花がつきます**。小型の白い花にはよい香りがあり、枝が伸びるにつれて次々と開花します。**四季咲き性で、春から晩秋まで開花します**。

ナリヒラヒイラギナンテン（ヤナギバヒイラギナンテン）'黄雲'

花つきがよいコンパクトなヒイラギナンテンなので、鉢栽培でも楽しめます。黄金葉品種の'黄雲'は、芽吹きはオレンジ色で、夏には黄色から黄緑色に変わり、冬には黄葉します。

クロバナロウバイ'アフロディーテ'

花つきのよいクロバナロウバイの品種で、**通常のクロバナロウバイより開花が早く**、開花期は5～6月です。花は暗褐色で、**イチゴのような芳香がします。**

アカシア・ブルーブッシュ

シルバーブルーの葉色が美しいアカシアで、樹高は高くなりますが、家のシンボルツリーとしてもよく使われます。3月頃に咲く黄色い球状のふわっとした花とのコントラストも見事です。耐寒性は多少ありますが、暖かい場所に植えたいものです。

アジサイ
'ラグランジア・ブライダルシャワー'

コルクウィッチア・アマビリス
'ピンク・クラウド'

タイサンボク
'リトルジェム'

（中級）✿✿✿

剪定すると、花がよく咲くようになりますか？

ここがコツ！

花芽がつく時期を知り、花芽を切り落とさないように剪定します。

剪定で花の咲く枝をふやします。

剪定の仕方を習得する前に、まず、枝への花のつき方（枝の先端か、側枝か、枝全体かなど）、花芽のでき方（花芽分化の時期など）を知らなければなりません。**花のつき方を開花習性といい、花木の種類によって違いますので、それに合わせた管理、特に剪定が重要になってきます。**

目安としては、88ページで取り上げたように、新しい枝か前年の枝かどちらの枝に花芽がつくかを知ることが大切です。

新枝咲きタイプの花木では、花が終わったときから翌年春の萌芽までは、比較的容易に枝を切っても差し支えないので、たいていの場合、冬場に剪定を行います。冬の間に強く切り込んで樹形を整えます。それらには、キョウチクトウ、サルスベリ、ノウゼンカズラ、ムクゲ、フヨウなどが該当します。

旧枝咲きの花木では、花芽のつき方に3タイプあり（タイプA、B、Cとする）、それぞれについて剪定の仕方が異なります。

タイプAは前年に伸びた枝の頂芽が花芽となり、翌春その芽が花となるもので、モクレン類、ジンチョウゲ、ツツジ類、シャクナゲ、ツバキ、サザンカなどが該当します。

このタイプでは、枝の頂芽近くを剪定してしまうと花が咲かないことになりかねません。強い刈り込みは花の終わった直後に行い、樹形を整える程度の軽い剪定は晩秋から冬にかけて行います。ツツジ類は、一般

〚新枝咲きタイプの剪定〛

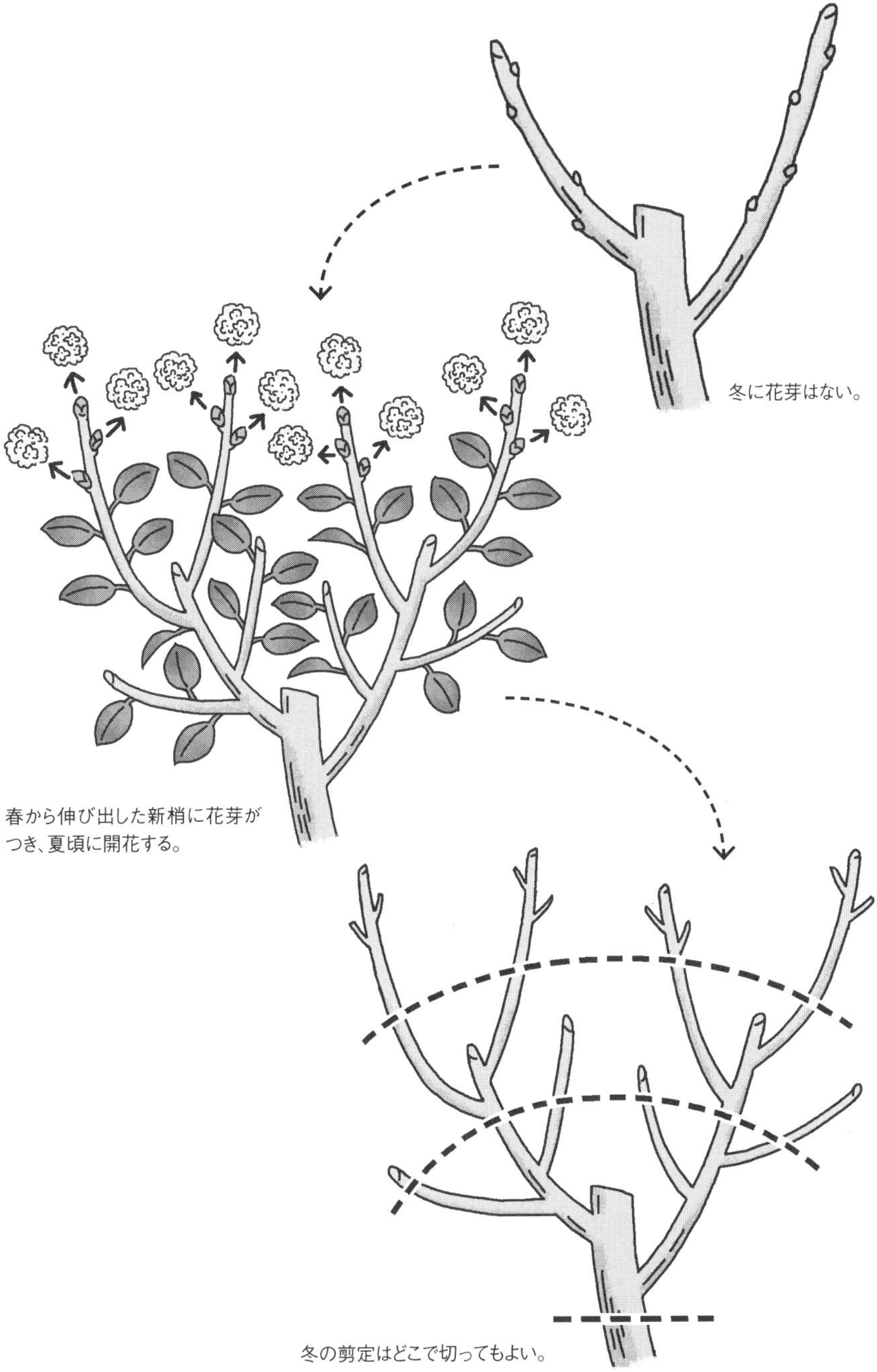
冬に花芽はない。
春から伸び出した新梢に花芽がつき、夏頃に開花する。
冬の剪定はどこで切ってもよい。

に開花してから花芽分化期までの期間が短いので、花後なるべく早く剪定を行いましょう。

　タイプBは前年伸びた枝の頂芽とその直下の2～3芽が花芽となり、翌春にその芽が花となるもので、レンギョウ、フジ、ヒュウガミズキ、ライラックなどになります。

　このタイプはタイプAのように早くからつぼみがはっきりとしないため、秋に枝先を切ってしまうこともありますので、注意が必要です。低く切り詰めたい場合は、花の直後に剪定します。秋から冬にかけてつぼみがはっきりとわかるようになったら、つぼみの配置を考えて適宜に細い枝や弱い枝の枝抜きを行います。

　タイプCは前年伸びた枝のわき芽の多くが花芽となり、翌年その芽が花となるもので、ウメ、モモ、ユキヤナギ、コデマリ、サクラ、ボケなどのバラ科の花木、ハナズオウ、ロウバイ、サンシュユなどになります。春の花後に萌芽した枝は梅雨明けまでに成長が止まり、充実した枝に花芽が形成されるので、春にせっかく伸びた枝を6月頃に切ってしまうと、花芽の形成が悪くなってしまいます。

　ウメ、モモ、ユキヤナギ、コデマリ、サンシュユなどの生育のよいものを小さく仕立てたいときには、花が終わった直後に3～5芽残して切り詰めます。ある程度の大きさに仕立てる場合は、枝を半分残して切るか、小枝を整理する程度にしておきます。

　サクラ、ボケ、ロウバイなどのように、成長が遅く、元気のよい枝には花芽がつかず、元のほうの短枝に花芽をつけるものは、花後にそのまま放任し、花芽が完全に固まった10月以降に枝を整理する程度にします。

タイプに合わせて、
適期に剪定を行い
ましょう。

〚旧枝咲きタイプの剪定〛

タイプA

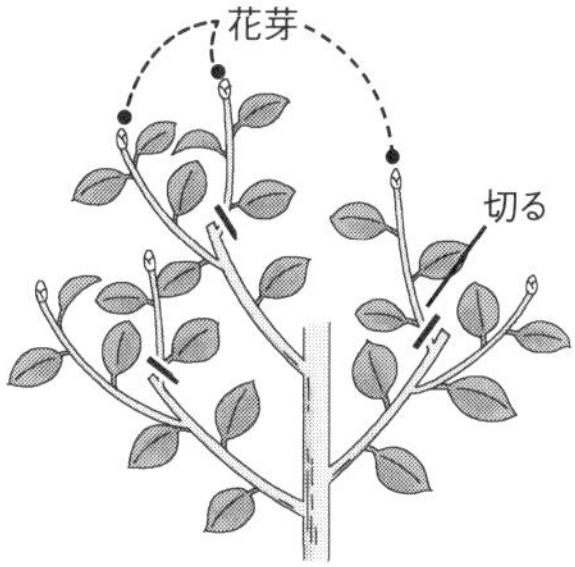

晩秋から冬にかけての剪定は、樹形を整える程度に。

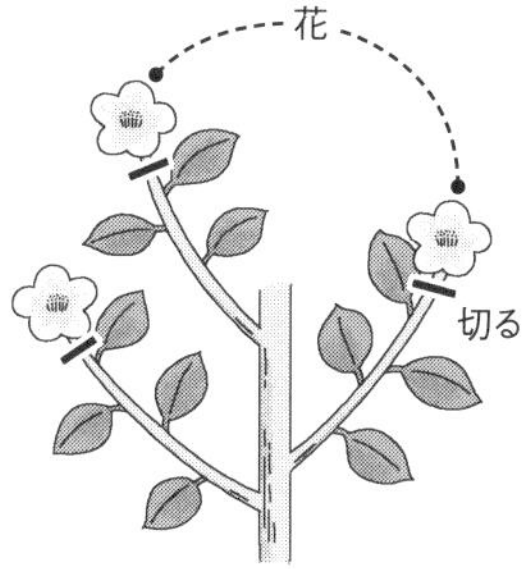

翌春開花し、花後に花がらを切る。

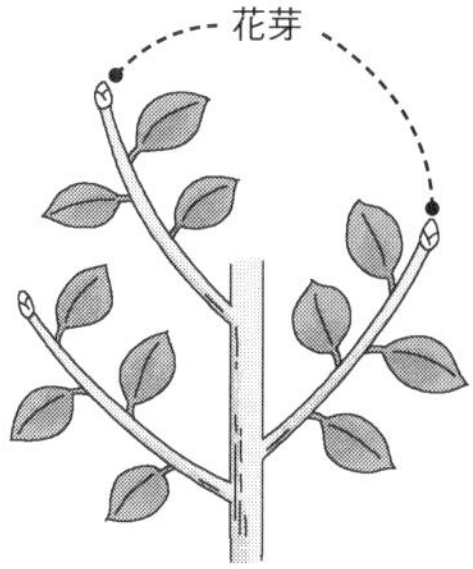

今年生枝の頂芽が花芽になる。

タイプB

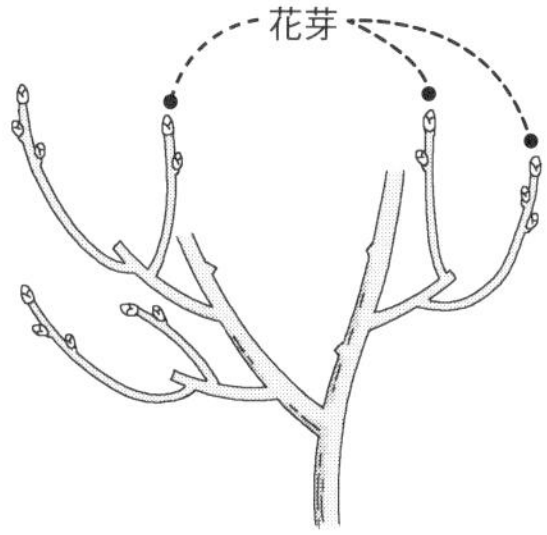

秋から冬にかけて内側に伸びる枝や弱い枝を切る。

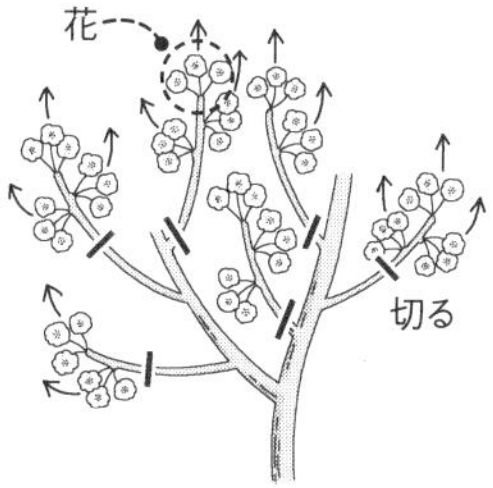

花後に花の咲いた位置から矢印のように新梢が伸びて小枝が密生するため、内側の枝はつけ根から切り落とし、他の枝も半分くらいに切る。

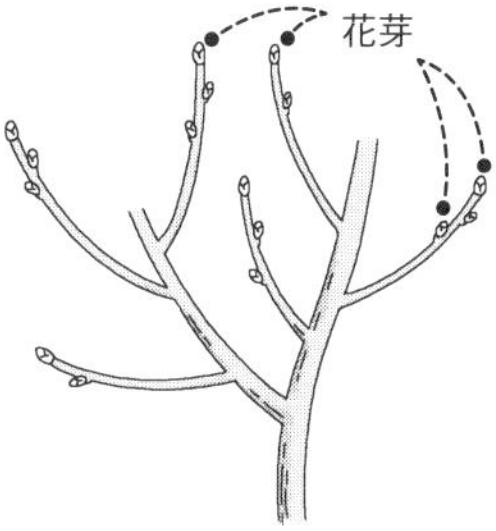

今年生枝の頂芽およびその直下の2～3芽が花芽になる。

タイプC

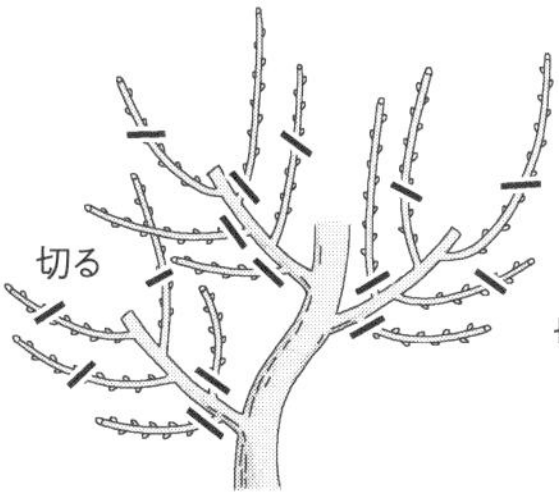

冬季の剪定は、芽の固まった10月以降に、徒長した枝や内側に伸びる枝を整理して切る。

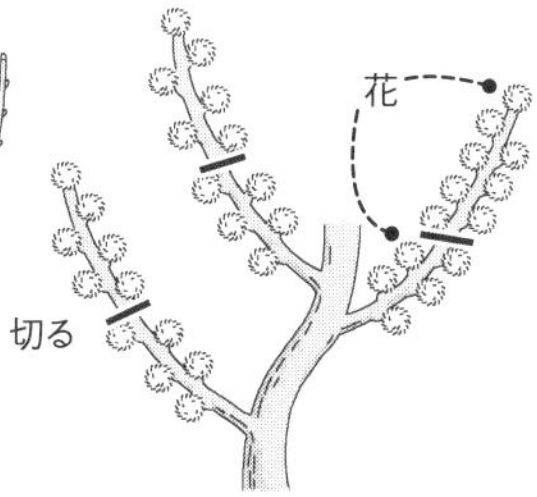

小さく仕立てたいときは、花後に3～5芽残して切る。大きくしたいときは花後に枝を半分残して切る。

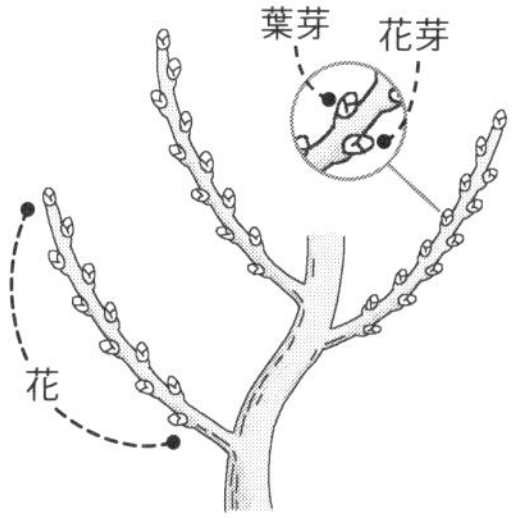

今年生枝の全体に花芽をつける。

（中級）✿✿✿ 花木の花を咲かせるには、どんな肥料がよいですか？

ここがコツ！

窒素肥料を減らし、リン酸、カリ分を多めに与えます。

樹木は通常の草花と異なって、年々木の太さ、樹高を増していき大きく育っていく植物です。また、春の萌芽から始まり開花、成長し、冬に休眠するという年間の生活サイクルがはっきりしています。それに合わせ、施肥は主に花が終わった後に与える「お礼肥《れいごえ》」と樹木の休眠中に与える「寒肥《かんごえ》」からなります。

お礼肥では、開花後の弱った樹勢を早く回復させるため（開花にはエネルギーを多く消費するので）、速効性の化成肥料と油かすのような有機質肥料を混合したものを施用します。春咲きの花木では、開花後、夏以降に花芽分化が進行しますが、この花芽分化期に肥料が効きすぎると、翌年の花芽ができにくくなるので、**お礼肥と寒肥に、それぞれ適した肥料を与えましょう。**

他の植物でも同様ですが、花芽をつけるためには、肥料の三大要素、窒素、リン酸、カリのうち、葉の成長を活発にする窒素肥料を他の要素より少なくすることが大事です。

窒素肥料が効きすぎて葉が茂りすぎると、花芽分化に重要な要因としてのC/N率（炭素と窒素の割合）が低くなり、植物はより栄養成長へと進み、なかなか生殖成長へと転換できないことになります。窒素肥料を減らすかわりにリン酸、カリ分を多めに与えます。

リン酸は茎葉や根の伸長を助け、開花・結実を促進します。不足すると着花数が少なくなり、開花・結実が遅れます。カリは植物体内の生理作用を調整し、暑さ、寒さなどの不良環境に対する抵抗性を強めます。

〚お礼肥・寒肥に適した肥料のいろいろ〛

油かす

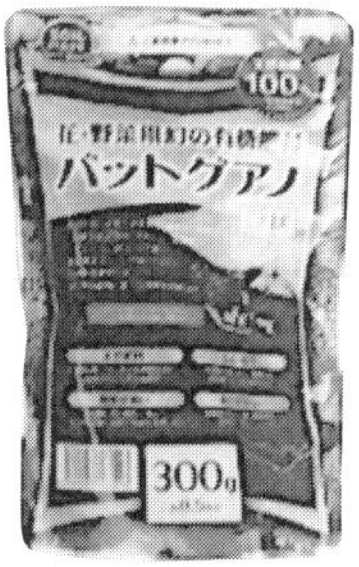

バットグアノ（コウモリのふん）

有機質肥料

粒状化成肥料

遅くまで肥効が残らないよう注意をします。

寒肥では、気温の低い冬季に施用し、春先の新芽が動き始めるときまでに植物が利用できるようになるのが理想的です。春先に活動し始めた根に肥料成分が吸収され、芽吹きのための準備が整えられます。従って、寒肥はゆっくり土中のバクテリアにより分解され、ちょうど芽吹きの頃に効力を発揮できるようになる、堆肥と油かすまたは鶏ふんや骨粉、コウモリのふんなどが混合された有機質肥料が使われます。新たに伸長する根の先端部分に肥料が効いてくるように、樹幹から離れた部分にすき込みます。

お礼肥と寒肥を
与えて、
たくさん花を
咲かせましょう。

（中級）✿✿✿

同じ樹種でも一季咲きと四季咲きがあるのですか？

ここがコツ！

品種改良によって、同じ樹種でも品種が違うと一年に咲く回数が異なります。本来、一季咲きだった樹種にも、返り咲きや四季咲きの品種が登場しています。

植物の開花は日長や気温などの環境変化に適応して一年に1回、開花する一季咲きが本来の開花習性です。ところが、**品種改良により開花反応の違う異種の植物を交配したり、タネから育てた実生の中から環境変化に鈍感なものを選ぶことにより、環境変化に即応せずに咲いてくる、いわゆる四季咲き品種ができることがあります。**

代表的なものとしてバラがあり、野生のバラは一年に1回しか花が咲かない一季咲きですが、改良されたいわゆる現代バラでは、春から秋まで生育に適する気温であれば（枝が伸長できれば）、花が咲き続けます。冬は木が休眠に入るため、開花を休止します。従って、温室で栽培される切り花用バラでは、冬も加温室内で生育し続けるため、開花を休止することなく咲き続け、年中切り花を採取できることになります。

このバラの四季咲き性については、品種改良の過程で、四季咲き性をもっていた中国のバラから導入されました。中国でのバラの栽培史の過程で、シュートを伸長させる遺伝子に動く遺伝子（トランスポゾン）が入り込むことにより四季咲きの突然変異が起こったことが解明されています。

同様に品種改良により四季咲き品種ができたものに、ヒメライラック、カラタネオガタマなどがあります。アジサイ属（ハイドランジア）には、四季咲き性のアジサイや返り咲きのアメリカノリノキの'アナベル’があります。アジサイの品種‘霧島の恵’は通常のアジサイと同様に6月頃から開花を始め、10月頃まで咲き続けます。この品種は、開花後に伸長してくる新しい枝にも花芽をつけ開花します。‘アナベル’では、

‘アナベル・コンパクト’や‘ピンクのアナベル2’などが返り咲きます。また、果樹のラズベリー、イチジク、ブルーベリーなどにも二季なり品種が育成されています。

バラの一季咲きと四季咲き

一季咲き

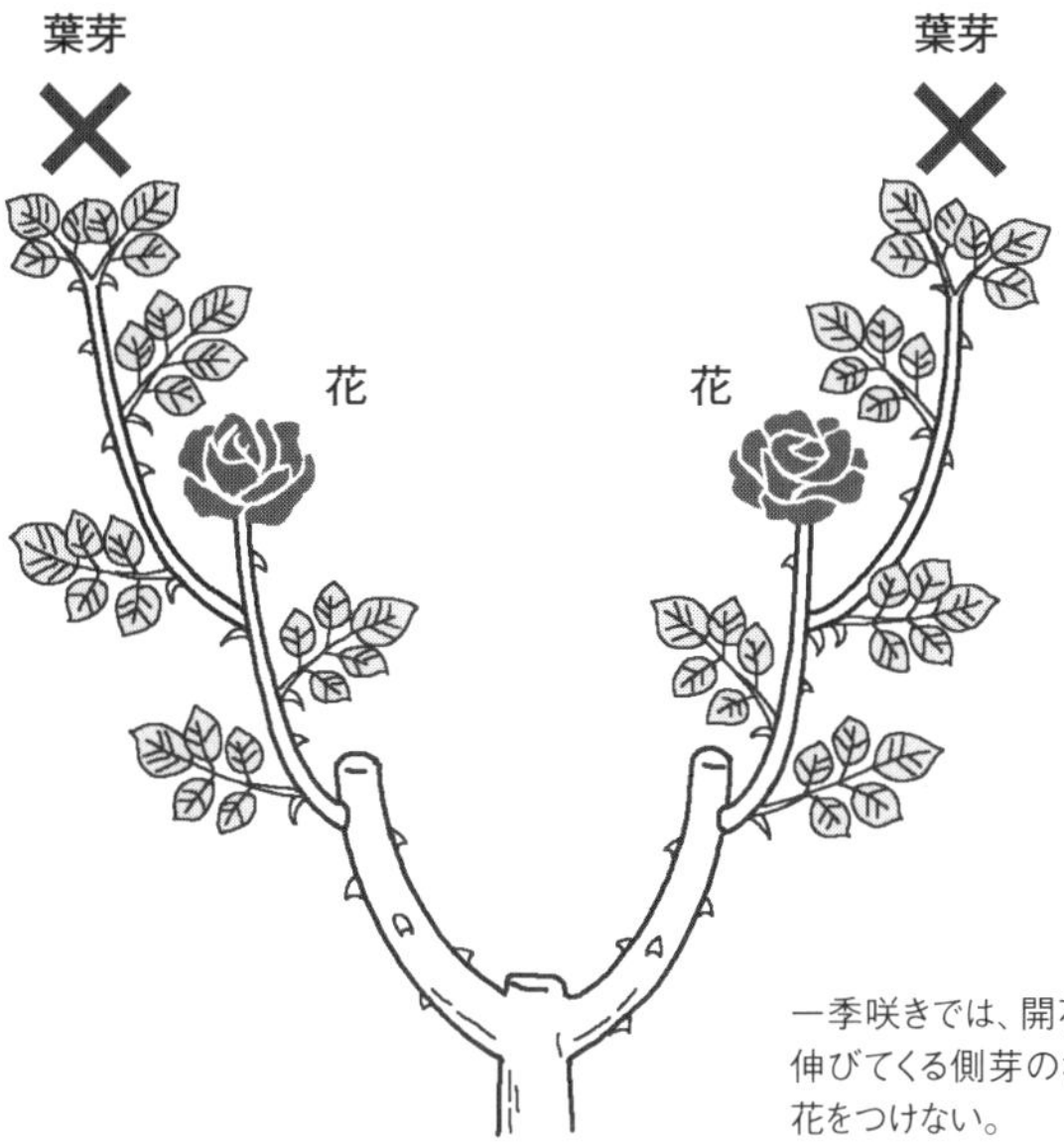

一季咲きでは、開花後に伸びてくる側芽の枝には花をつけない。

四季咲き

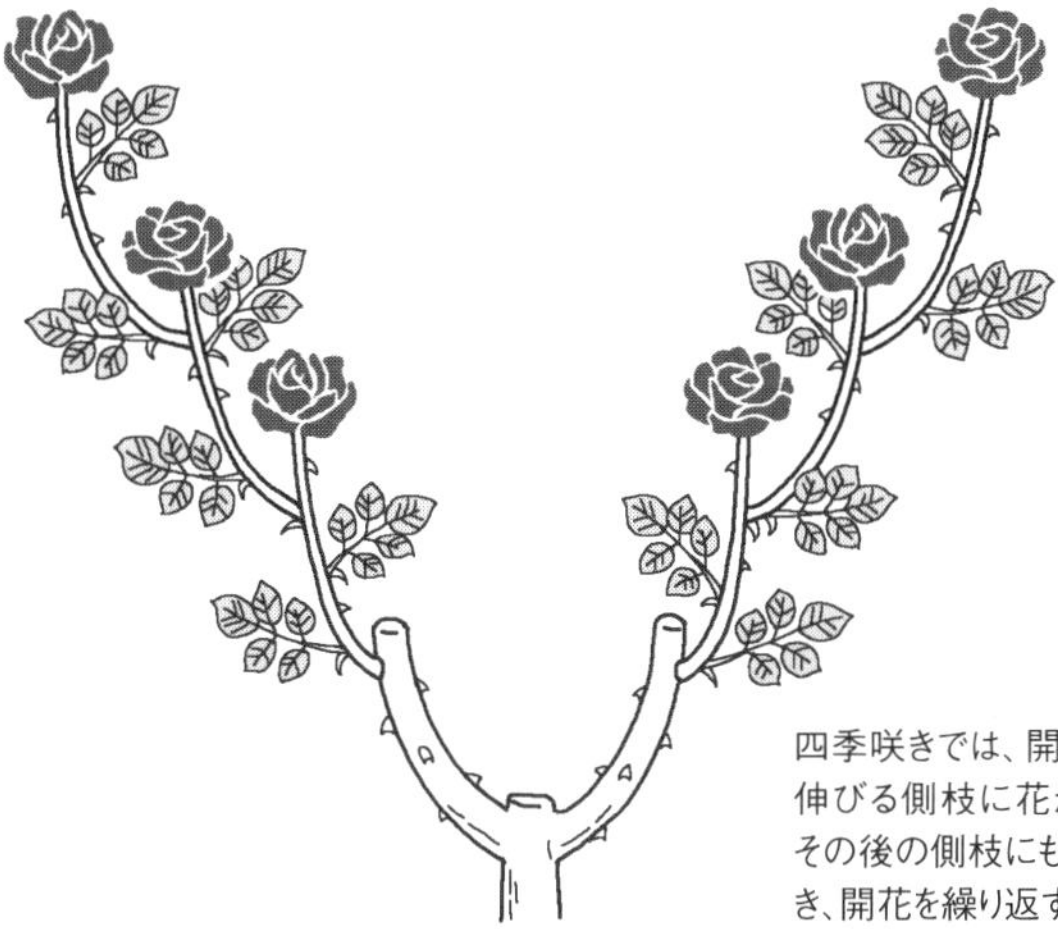

四季咲きでは、開花後に伸びる側枝に花がつき、その後の側枝にも花がつき、開花を繰り返す。

同じ樹種でも花が咲かないものはありますか？

（中級）✿✿✿

ここがコツ! **雄木と雌木で花が異なる樹種があります。**

花や実がつかないと思ったら、雌雄異株かどうか、確認しましょう。

植物によっては、個体により違った花をつける樹種があります。

「雌雄異株」といい、株により雌木か雄木のどちらかになることで、雌しべしかもたない雌花のみをつける株を雌木と呼び、雄しべしかもたない雄花のみをつける株を雄木と呼びます。その場合、どちらかの花が目立たないため、一見、花が咲かないように見えることがあります。アオキ、ヤマモモ、キンモクセイ、イチョウ、クロガネモチ、ソヨゴ、アオハダ、ゲッケイジュなどです。

このうち、香り高いキンモクセイは日本では雌木がほとんど植栽されていません（流通もしていない）ので、もともと雄木しか見ていないということになり、果実を見ることもありません。ゲッケイジュも雌木をなかなか見ることはできません。従って、一般に見られるものは雄木で、雄花は雄しべが多く華やかですが、雌花は雌しべだけですので、清楚な目立たない花です。花色は淡いクリーム色となります。

アオキでは、雄花の円錐花序が大きく、4枚の褐紫色の花弁に4本の雄しべ先端の黄色い葯が目立ちます。雌花序は小さく緑色の柱頭があり、雄花ほどは目立ちません。

イチョウでは、雄花は尾状花序状ですが、雌花は花柄の先に胚珠があるだけで目立ちません。

ソヨゴでは、雄花は花序になり、新枝の葉腋から花柄を伸ばし、その先に3～8個の花をつけます。それに対し、雌花は新枝の葉腋に1個しかつけないので、あまり目立たないかもしれません。しかし、雌花は果実になると、真っ赤に熟した丸い実となるので、目立ちます。

また、花が目立つ虫媒花（昆虫類が花の受粉を行う花）に対し、マツやスギのような針葉樹の仲間やイネ科の花は風が花粉の運ぶ風媒花ですので、花はあまり目立ちません。

以上のように、**花が咲かないように見えるのは、雌花と雄花があり、それぞれ別の株につく（雌雄異株）ので、目立たない花をつける株は花が咲かないように見えるのです。**

同じ樹種で雄雌異株の例

アオキの雌花

アオキの雄花

その他の雄雌異株の例

ソヨゴは真っ赤な実をつけるのが雌木。

キンモクセイは雄木しか流通していない。

（中級）✿✿✿

花が咲きすぎた翌年は花が咲かないのですか？

ここがコツ！

たくさんの花を咲かせると翌年は花数が減るか、咲かないことがあります。株に力をつけさせます。あらかじめ、花や実を間引いて、株に力をつけさせます。

果実を収穫する樹木では、昨年は果実がたくさん実ったのに、今年はあまり実らないということをよく耳にします。そのような現象を専門的には「隔年結果」と呼びます。同様に花の場合、「隔年開花」といいます。

なぜそのようなことが起こるのでしょうか。理由としては、開花に適する環境が整い、より多くの花をつけたために、エネルギーがその年の開花に注がれすぎ、翌年の開花に影響したものと思われます。

カキでは隔年結果を防ぐために、自然に実を落とす生理落果が終わる7月上旬から中旬にかけて、実らせたい果実数になるように幼果を切り取ります（摘果）。その場合、1個の果実が占有できる葉（果実周辺の葉）枚数が一定となるように摘果します。また、果実のなる枝（結果母枝）を間引いたりします。

温州ミカンも同様の隔年結果を起こしやすい果樹で、12月の果実収穫後、寒さで樹勢の回復が遅れ、1年おきに実つきが悪くなりやすい性質があります。

日本産のシャクナゲも隔年開花する性質があり、つぼみが多数ついたときには摘蕾が必要です。日本産シャクナゲは樹勢がやや弱く、花が咲いた枝には翌年花が咲かないので、一部のつぼみを取って早く新梢を出させ、翌年に開花させるようにします。

隔年結果（隔年開花）しやすい樹種ではよく注意してつぼみや幼果を間引く必要があります。処理が不十分だと隔年結果（隔年開花）を繰り返すことになります。

〚隔年結果（隔年開花）しやすい樹種〛

カキ

シャクナゲ

毎年花を咲かせ、
実をつけるには、
摘蕾や摘果で
コントロールしましょう。

〚シャクナゲの摘蕾〛

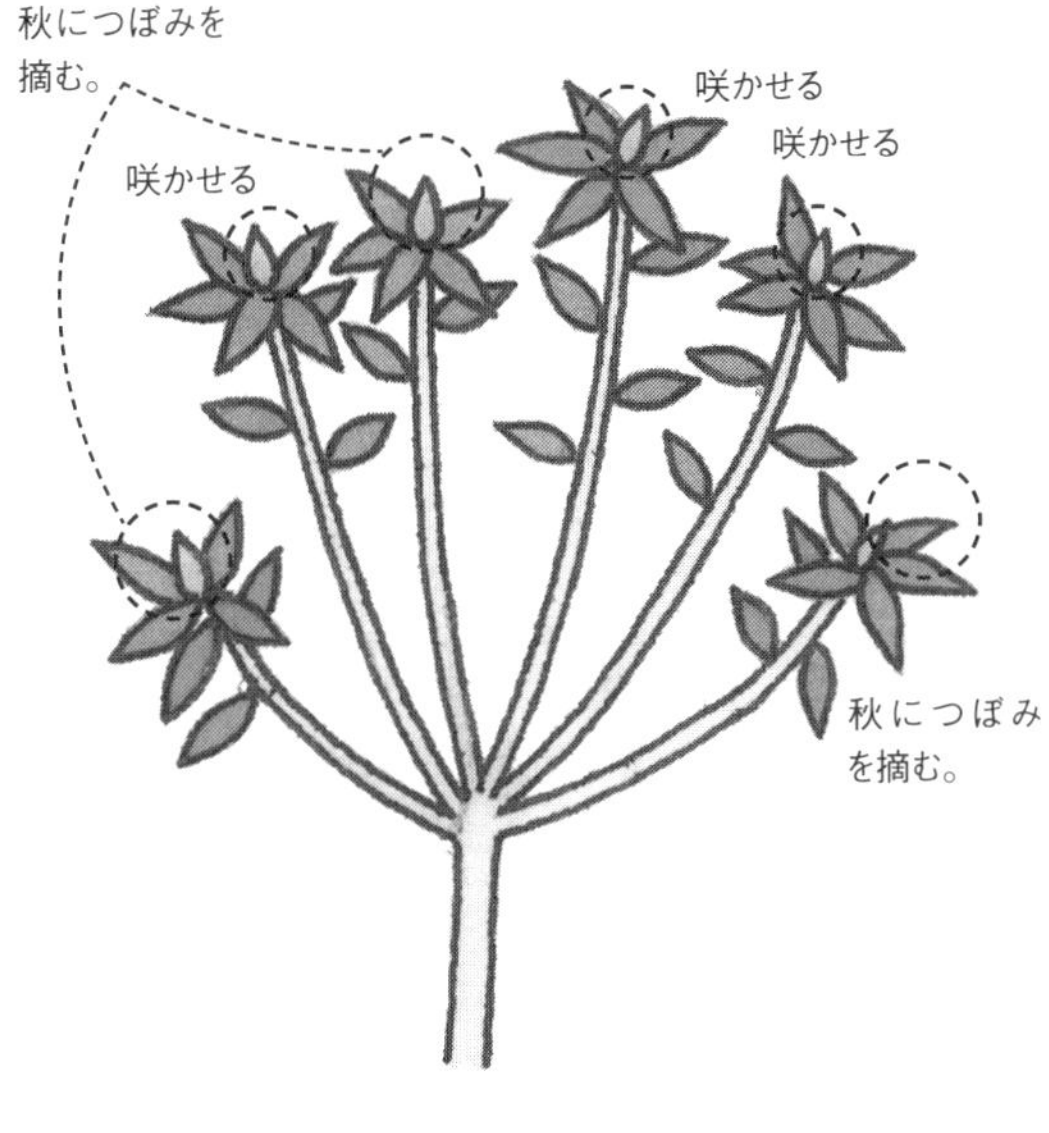
秋につぼみを摘む。
咲かせる
咲かせる
咲かせる
秋につぼみを摘む。

（初級）✿✿✿

花木の花をよく咲かせるコツを教えてください。

ここがコツ!

樹種別にポイントがあるので、知っておきましょう。

樹種別に、よく咲かせるコツがあります。

シャクナゲ

まず、その生態や形態の特性から、水はけをよくする必要があります。シャクナゲの根は細く、地表近くの浅い場所に広がって張るので、軽石やパーライトを混合した水はけのよい用土に植えつけ、十分に水やりを行います。酸性土壌とし、pH5・0〜6・0程度が適性で、ピートモスや腐葉土を混ぜ込みます。

一年を通じて西日の当たらない明るい場所で栽培します。また、もともとの自生地を高山とするものが多くあります。また、そのような高山性の種をもとに改良されているので、暑さに弱い種類が多く、夏は株元へのマルチング、寒冷紗などでの日射量の調整、朝夕の葉水が必要です。

花後に新梢が伸び、その年の夏に花芽ができ、翌春に開花します。このため、春から夏に、いかに新梢を充実させるかが、翌年の花つきを決めます。夏の高温と日照により花芽分化しますが、その適温と適日照は明らかにされていません。花がらの摘み取り、生育期の水やりと施肥が重要になります。花後のお礼肥の施肥が大事です。

充実した花芽を多くつけるために、春の花後、なるべく早い時期に芽かきをし、新梢をふやします。

シャクナゲは隔年開花といって、よく咲く年とそうでない年が交互に繰り返すので、毎年平均して花を楽しむためには、摘蕾（つぼみをかき取る）を行い、花を咲かせる枝と咲かせない枝のバランスを取ります。

摘蕾は、つぼみがはっきりと肉眼で確認できるようになる秋から冬にかけて行います。

また、シャクナゲは花芽がつきにくい植物の代表でしたが、わい化剤（生育抑制剤）の処理により顕著に花芽の着生数が増加することが明らかにされています。実際には、花芽分化期である新芽の萌芽期に市販のわい化剤水溶液を新芽部分に散布します。

シャクナゲ

ツツジ

ボタン

フジ

ボタン

日当たりと水もちのよい肥沃な場所で、他の木のそばは避け、**広い場所を確保し植えつけます。夏は西日を避け、株元にわらや堆肥を敷き、乾燥を防ぎます。**充実した新梢の先端付近に夏頃（7月上旬〜中旬）に花芽分化を始めますので、何もしなければ、毎年、枝が伸びる分だけ花の位置も高くなります。そのため、花後の5月中旬〜下旬に、花をつけたい位置より上の芽をかき取っておくと、枝の下のほうにも花芽をつけることができます。寒肥は堆肥と鶏ふんまたは牛ふんを混ぜ、株元にすき込みます。

ツツジ

種類により異なりますが、開花が終わる頃から新梢が伸び始め、その先端に7月上旬〜8月中旬に花芽分化が始まり、10月中旬〜11月中旬頃に花芽が完成し、翌年開花します。**常緑性ツツジで放任せず樹形をつくる場合は、花後すぐに刈り込み樹形を整えます。好みの樹形になるように切ればよく、枝のどの位置で切っても差し支えありません。**できれば、6月中旬までに切ると、翌年も花を咲かせることができます。落葉性のツツジは刈り込みが必要なほど芽吹きがよくないので、混み合った部分の枝を間引くか、樹冠から飛び出す長枝を切り詰めるぐらいとします。

ツバキ、サザンカ

日陰でも育ちますが、花つきをよくするには日当たりのよいところに植栽します。午前中いっぱい日が当たり、午後はあまり日が当たらないところが理想的です。乾燥を嫌いますので、冬は強い寒風が当たらないようにします。花後に伸びた新梢の先端に、6月下旬から8月上旬にかけて花芽がつくられます。花芽分化後に剪定を行うと花が咲かなくなるので、7月以降は剪定を行いません。従って、刈り込み仕立てにするような強剪定は、花後すぐに行います。秋に花が咲く秋咲きサザンカの場合は、3月頃、新梢の伸びる前に行います。刈り込まずに自然樹形を保つ場合は、花後、その枝を3~5芽残して切り戻します。ただ、木が若いうちは枝が伸びるものの、花芽がつかないこともありますが、木が若く栄養成長が旺盛な時期であるためです。つぼみがたくさんついているにもかかわらず、花が咲かないで終わってしまうことがありますが、開花時期に乾燥していたり、根詰まりで水が吸収できないことによります。その場合、4月中旬頃、株元から放射状に浅く溝を掘り、堆肥などの有機質肥料を埋め込みます。溝を掘ることにより、根詰まりしていた根が切られ、発根してきた新しい根に肥料が供給され、樹勢が回復します。

ウメ

日当たりと水はけのよい肥沃な場所に、スペースを広めに取って植栽します。7月に入ると、充実した短枝の葉腋に花芽がたくさんつき、翌年それが開花します。長枝にはほとんど花芽がつきません。花芽がつく短枝も3年ほどで、花芽がつかなくなります。

樹勢が強く、放任しても花は咲きますが、剪定で花がつく枝をふやし、樹形をつくっていきます。花芽がつかない長枝は12月下旬～1月に10芽ぐらい残すか、半分の長さまで切り詰め短枝を出させます。短くしすぎると、さらに強い枝が伸び、短枝が出ないので、注意が必要です。12月下旬～2月上旬、8月下旬～9月上旬の2回、油かすや骨粉、化成肥料などを木の成長に合わせて施用します。窒素分が多すぎると枝の成長が促されて、花つきが悪くなるので控えます。

フジ

日当たりと水もちのよい肥沃なところで湿り気が多い場所に植えます。根は浅く表土近くに大きく広がるので、スペースを十分に確保します。充実した新梢のうち、短枝の葉腋に1個ずつ花芽がつきます。5月下旬から6月に花芽分化を始め、夏には花芽が完成します。成長期は、夏に伸びすぎたつるの先端を20㎝ほど切り詰め、後はそのままにしておきます。12～3月の落葉期に、長く伸びて花芽のつかないつるは、5～7芽を残して切り戻し、短枝を出させるようにします。鉢植えを地に下ろしてもなかなか花が咲かないことがありますが、鉢の中の限られた土で成長を終えていたのが庭で再び成長を始めるためです。**何年かして成長が一段落すると花がつくようになります。**

アジサイ

ハナズオウ

サルスベリ

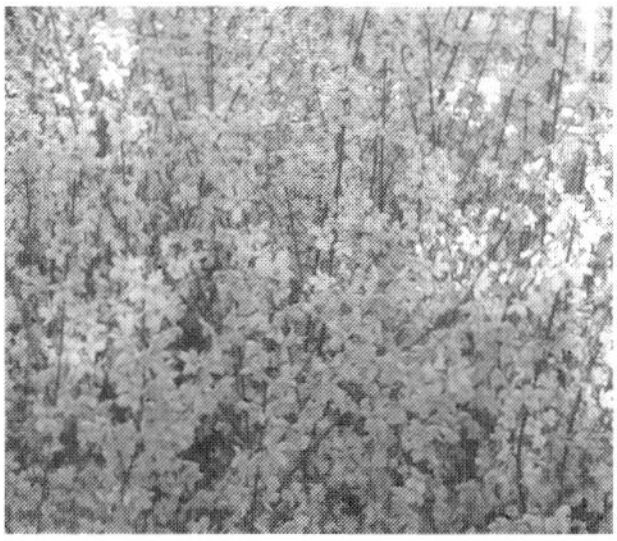
レンギョウ

アジサイ

日当たりのよいところから半日陰までの水はけのよい場所に植えますが、湿り気のある場所を好みます。寒い北風の当たるような場所は避け、大木の根元や他の木のそばなどに植えます。花後に伸長した枝か開花した枝の頂部から2～3節目のわき芽が、9月上旬～10月上旬に花芽になります。花芽分化には温度条件が重要で、適温は18℃以下で、25℃以上では花芽分化が阻害されます。花後に花の下1～2節を残して剪定します。剪定の時期が遅れると、上部の花を切ってしまい、翌年、花が咲かなくなるので注意します。

ハナズオウ

植栽する場所の土質を選ばず、日当たり、水はけのよい場所に植えます。初夏、充実した新梢の葉腋に花芽ができ、翌年に開花します。花芽は短枝のほうがつきやすく、次第に樹芯部の長枝にもつくようになります。12月中旬～2月中旬に、花芽のない長枝を切り詰め、不要枝や混んだ部分の枝を落として樹形を整えます。強剪定を行うなら、花後すぐに行わないと花芽をなくしてしまいます。

レンギョウ

日当たり、水はけのよい肥沃な場所に高植えにします。夏、新梢の葉腋に花芽がつくられ、翌年に開花します。花芽分化は初夏の気温上昇期の6月中旬～下旬に始まり、9月下旬にはほぼ完成します。その後、冬の寒さを受けて休眠が破れ、3月下旬頃に開花に至ります。長枝にも花芽がよくつきます。開花直後に、古枝をつけ根から切って新しい枝に更新していきます。3～4年に一度、花後に地際で切り戻して一気に更新する場合もあります。

サルスベリ

日当たりと水はけのよい肥沃な場所に植栽します。元気よく伸びた新梢の芽が花序になり開花します。11月下旬から3月上旬に、開花枝をつけ根から少し残して切り落とします。地際部からひこばえがたくさん出てきますが、養分を取られるので、早めに切り取ります。

Chapter 3

人気のバラ、クレマチス、クリスマスローズをもっと咲かせるコツ

バラ

（中級）✿✿✿

木立ち性のバラは、枝を切って花を咲かせるのですか？

ここがコツ！

木立ち性のバラは花をよく咲かせるために枝を切る必要があります。剪定により、枝数を制限して大きな花を咲かせたり、逆に枝の高い位置で剪定し枝を多く残し花数をふやしたりすることができます。

バラはその樹形から、木立ち性（ブッシュ）、つる性（クライミング）、半つる性（シュラブ）の3タイプに大まかに分けられています。

このうち、木立ち性の現代バラのほとんどは四季咲き性で、大輪一輪咲きのハイブリッド・ティー（ＨＴ）、中輪房咲きのフロリバンダ（Ｆ）とポリアンサ（Ｐｏｌ）、小輪でわい性（樹高が伸びない）のミニチュア（Ｍｉｎ）系統のバラがあります。

これらのバラは、花をよく咲かせるために枝を切る必要があります。枝を切ること（剪定）により、枝数を制限して大きな花を咲かせたり、逆に枝の高い位置で剪定し枝を多く残し花数をふやしたりすることができます。

基本的にはどんな植物でも同様ですが、枝の先端には成長点があり、成長点から枝が伸びる植物ホルモンが下部に移動し、わき芽の伸長を抑えています。このように枝の先端の力が強いことを頂芽優勢といい、植物ホルモンにより頂芽優勢が維持されています。先端に花が咲いたり、枝の先端が除去されるような剪定が行われると、頂芽優勢がやぶられ、直下のわき芽が動き伸長します。従って剪定することにより、新たな芽を動かせ、次の花を咲かせることができるのです。

また、剪定から開花までの期間がおおよそ決まっていますので、剪定により開花時期をコントロールすることができます。

〖バラの枝の切り方〗

枝を切る際は、下のイラストのように芽の5㎜～1㎝くらい上で、やや斜めに切るか、水平に切るようにします。

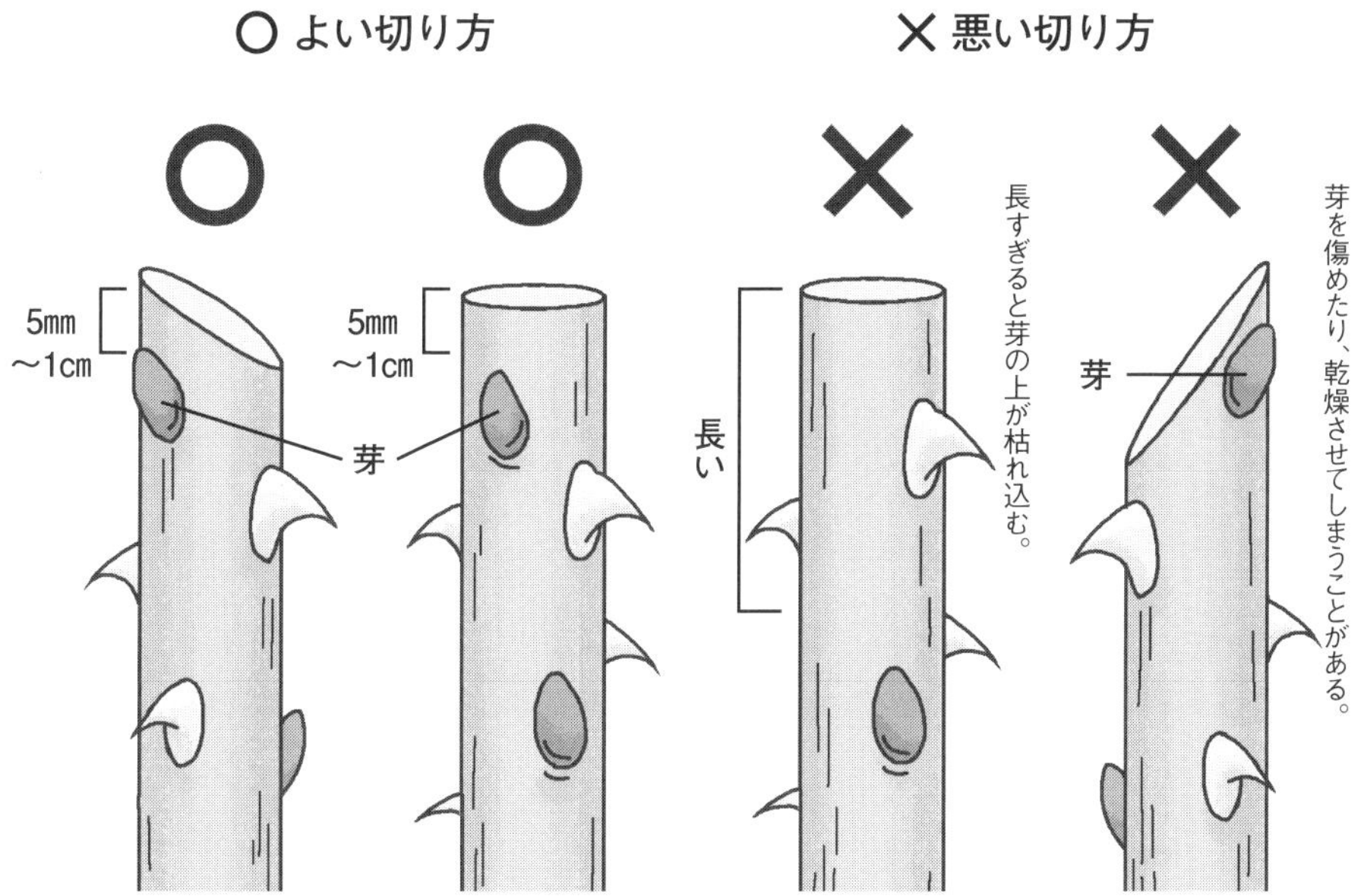
○ よい切り方
× 悪い切り方
5㎜
～1㎝
5㎜
～1㎝
芽
長い
長すぎると芽の上が枯れ込む。
芽
芽を傷めたり、乾燥させてしまうことがある。

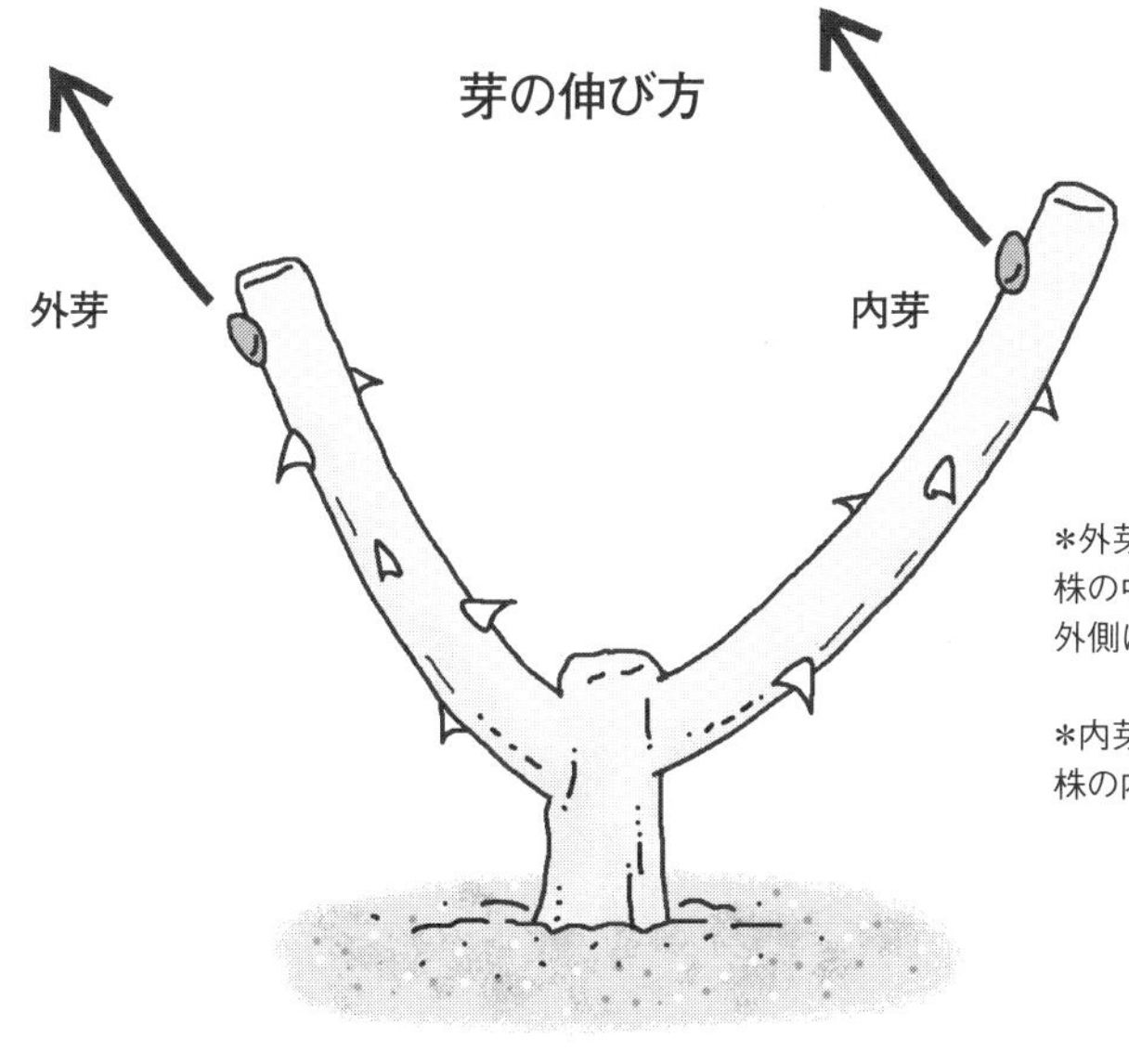
芽の伸び方
外芽
内芽

＊外芽
株の中心から見て
外側にある芽。

＊内芽
株の内側を向いた芽。

〖フロリバンダ(F)〗

［冬剪定＝上から1/3が目安］

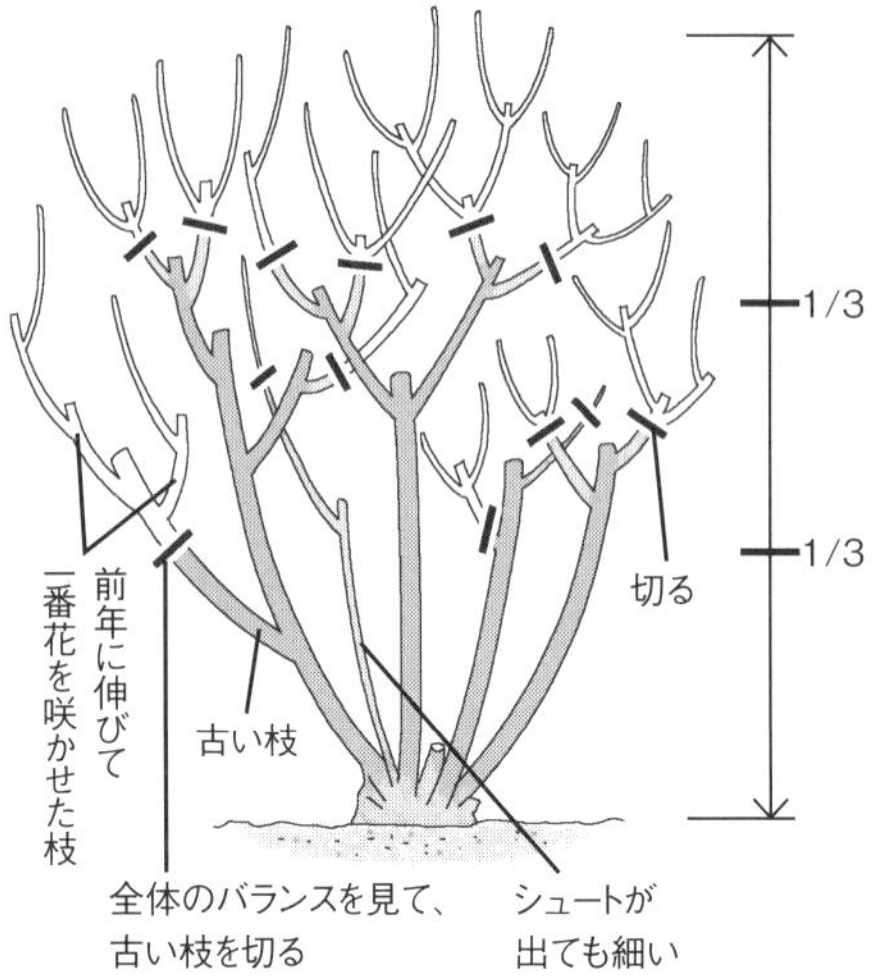
1/3
1/3
切る
前年に伸びて一番花を咲かせた枝
古い枝
全体のバランスを見て、古い枝を切る
シュートが出ても細い

＊シュートが出にくい品種、アイスバーグの例。

〖ハイブリッド・ティー(HT)〗

［冬剪定＝樹高の1/2が目安］

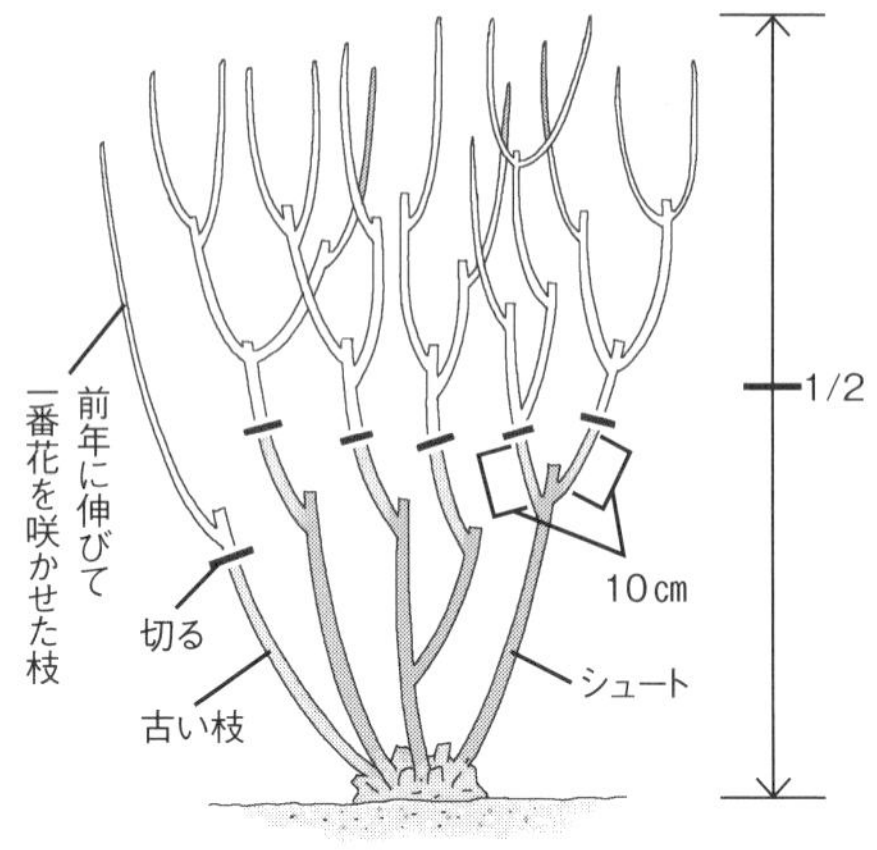
1/2
前年に伸びて一番花を咲かせた枝
10㎝
切る
古い枝
シュート

＊前年に伸びて一番花を咲かせた枝を、2～3節(約10㎝)残して切る。
＊枯れ込んだ枝や細い枝をつけ根から切る。

春の開花を調節する冬剪定で見ると、ハイブリッド・ティーでは大きな花を咲かせるために、樹高の1／2ぐらいになるように剪定します。前年に伸びて一番花を咲かせた枝を2～3節（約10㎝）残して剪定します。多花性のフロリバンダでは、花をたくさん咲かせるために、少し浅く、目安として樹高の上から1／3を切り詰めるように剪定します。ミニチュア系統では樹高が1／2ぐらいになるよう、ポリアンサ系統では上から1／3を切り詰めます。

半つる性のシュラブローズでは、木立ち性のバラと同様に、品種・系統により異なりますが、樹高の上から1／3から1／2を切り詰め、剪定します。

それでは、剪定しないとどのようになるのでしょうか。枝を剪定しなくても、前述のように花が咲くと、その直下のわき芽が伸長し、その枝先に次の花が咲きます。四季咲きのバラでは、それを繰り返し、花が咲き続けます。しかし、徐々に枝も細くなり、先端に咲く花が小さく貧弱になっていきます。また、枝が徐々に上がっていき、よく伸長するバラでは、人の背丈より高い位置に花が咲くことになります。咲き終わった

〖シュラブローズ（S）〗

［冬剪定＝樹高の1/2が目安］
（ポリアンサ（Pol）は上から1/3が目安）

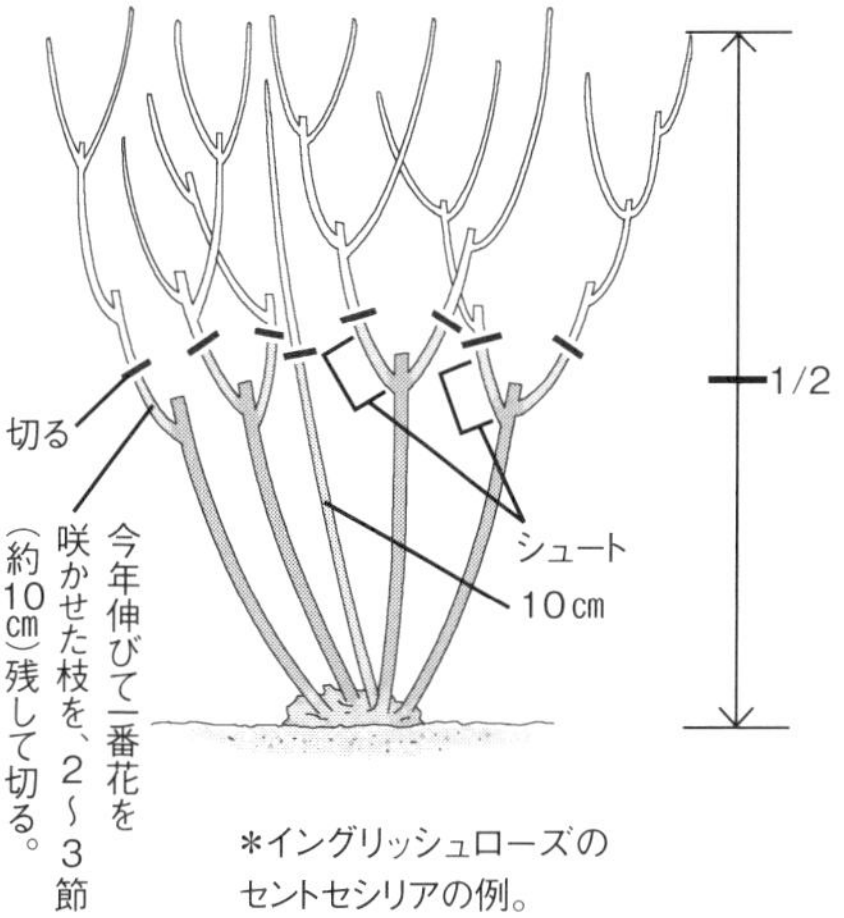
1/2
切る
シュート
10㎝
今年伸びて一番花を
咲かせた枝を、2～3節
（約10㎝）残して切る。

＊イングリッシュローズの
セントセシリアの例。

〖ミニチュア（Min）〗

［冬剪定＝樹高の1/2が目安］
（ポリアンサ（Pol）は上から1/3が目安）

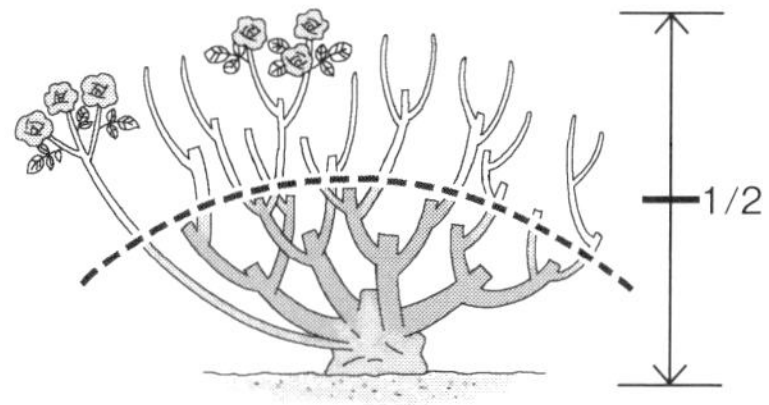
1/2

樹高の1/2くらいのところを丸く刈り込む
イメージで切る。

〖野生種〗

［冬剪定＝シュートを残す］

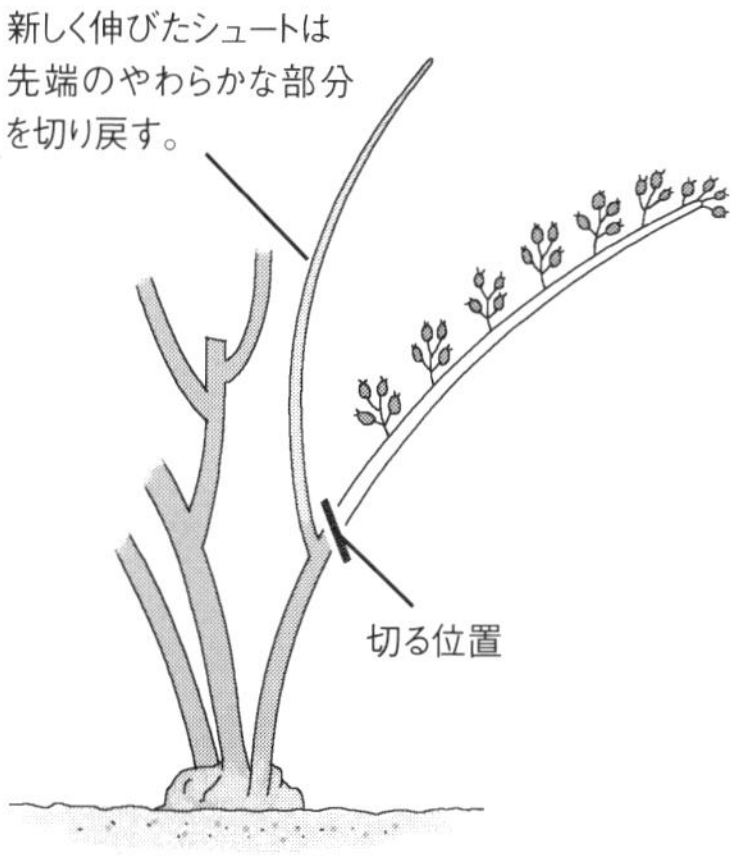
新しく伸びたシュートは
先端のやわらかな部分
を切り戻す。
切る位置

＊ノイバラなどの実が多数ついて大株になるものは、実のついた枝から伸びたシュートを残して切る。
＊ハマナスと四季咲きのルゴサ系は短く切っても開花する。

枝をそのままにしておくと、もちろん花がらが見苦しいだけでなく、株全体が枝で混み合い、風通しや日当たりが悪くなり、病気も出やすくなります。そのうち、株の老化も進み、ちゃんとした花が咲かなくなってしまいます。

剪定には株を若返らせる効果もあり、古い枝を切り詰めることにより、新しい強いシュートを出させることができます。

以上のように、木立ち性のバラは枝を切りながら、よい花を咲かせるのです。

（中級）✿✿✿

つるバラは、どのように切ったらよく咲きますか？

ここがコツ！

冬に余分な細い枝や枯れ枝を取り除き、伸びた枝を軽く切り戻します。

つるバラは枝を切ると咲きにくくなるので、誘引が大切です。

つるバラの剪定は、木立ち性のバラとは異なり、枝を深く切り込むことはありません。木立ち性の多くのバラが四季咲き性であるのに対し、つるバラの多くが一年に1回、春から初夏にだけ咲く一季咲きだからです。

一季咲きのバラでは、前年に伸びた枝のわき芽が伸長し、その先端やわき芽が花芽となって開花します。そのため、前年枝を深く切り戻すと花となる芽を取り除いてしまうことになり、花数を少なくしてしまいます。

つまり、冬にまず古くなった枝を整理し（取り除き）、

細い枝や伸びたシュートの先端のやわらかな部分、枯れた枝を取り除くのがつるバラの剪定になります。

つるバラの管理で大事なのが、整理した後に残った枝をいかにフェンス、アーチ、ポールなどの支えに誘引するかということです。シュートは頂芽優勢といって枝の先端の勢いが強いので、先端に近いところの芽しか伸びてきません。そこで、その頂芽優勢を弱めるために枝を横たえてやる必要があります。そうすることによってシュートの中間や基部のほうにも花芽がつくようになり、支えとなる面全体に花を咲かせることができるのです。

つるバラと一概に言っても、その由来などにより異なった系統のものがあります。代表的なのが、大輪咲きのラージ・フラワード・クライマー（ＬＣｌ）で代表的なのが、

〘シュートがよく伸びるつるバラの剪定〙

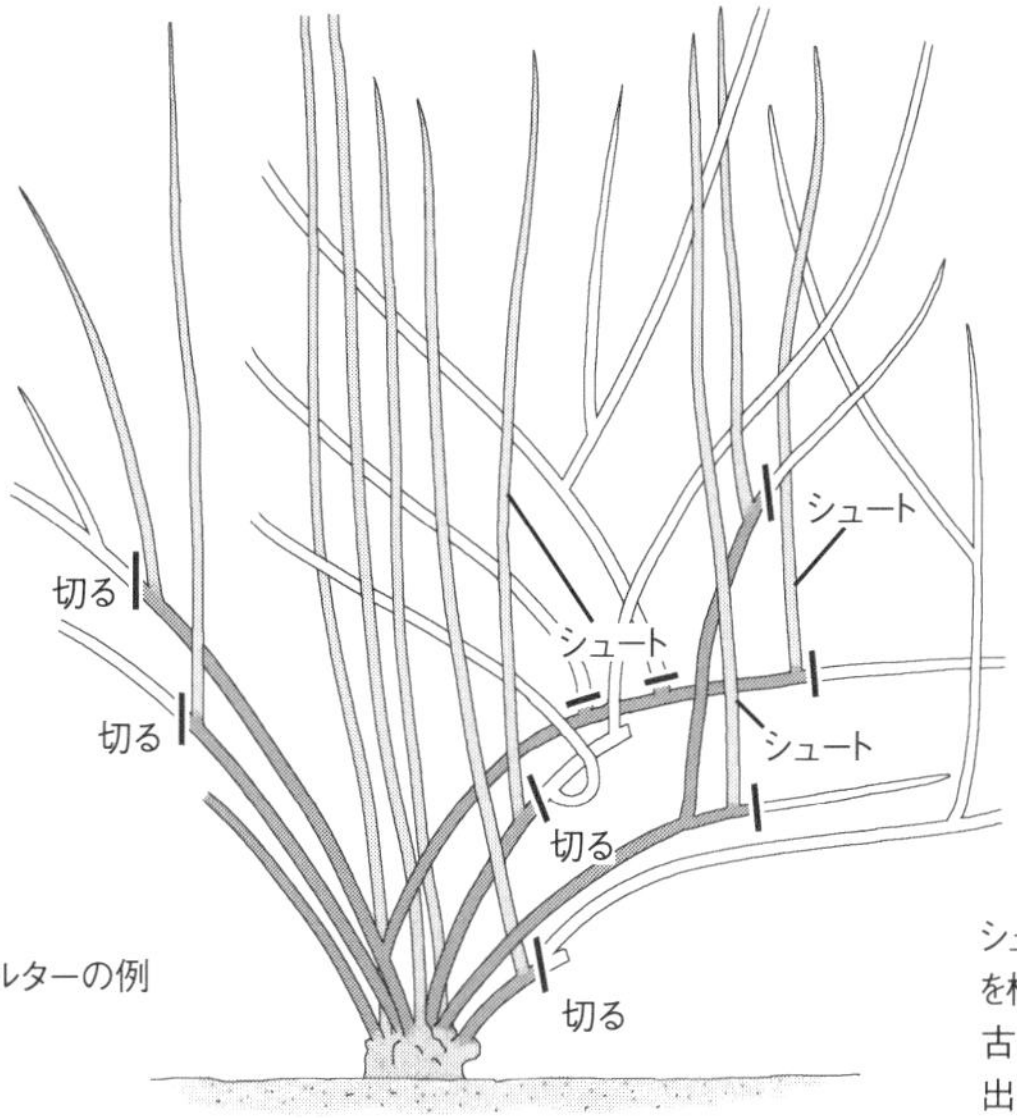

アンクル・ウォルターの例

シュートは剪定した後に枝を横に倒して誘引する。古くなった枝はシュートが出ているすぐ上で切る

表的な品種に**ピエール・ドゥ・ロンサール**や**ニュー・ドーン**があります。

日本の野生種をもとにした系統に、ハイブリッド・ムルティフロラ（HMult）とハイブリッド・ウィクライナ（HWich）があります。前者はノイバラを後者はテリハノイバラを交配親にした系統で、両者はランブラーとも呼ばれます。ハイブリッド・ムルティフロラには、**ブラッシュ・ランブラー**が、ハイブリッド・ウィクライナには、**ドロシー・パーキンス**や**フランソワ・ジュランヴィル**などがあります。

その他には、ハイブリッド・ティーやフロリバンダの枝変わりでつる性になった品種があり、**つるアイスバーグ**や**つるピース**などがあります。また、ハイブリッド・ムスク、ノアゼット、シュラブ系統の中にも、伸長力のある品種はつるバラとして扱われています。

いずれにしても、**強い剪定は行わず、構造物などに枝を横に沿わせて誘引し、株全体に花を咲かせるようにしたいものです。**

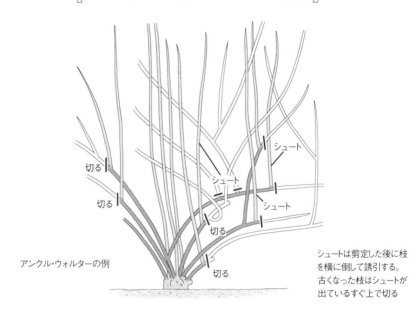

（初級）

おすすめの花つきのよいバラを教えてください。

ここがコツ！

クイーン・エリザベス、アイスバーグ、ピエール・ドゥ・ロンサールなどは花つきがよくておすすめです。

花つきがよい品種を選ぶと、バラの栽培が楽しくなります。

バラの系統はオールドローズから現代バラまでじつに多様な系統があります。世界中に約150〜200種の野生種があり、このうち10種前後の野生バラから現代バラが育成されていて、オールドローズも含めると20系統ほどがあります。それらの中から代表的な系統のおすすめのバラを紹介します。

大輪咲きのグランディフローラ（Gr）やハイブリッドド・ティー（HT）系統であれば、何といっても**クイーン・エリザベス**でしょう。樹勢が強く樹高も高くなりますが、丈夫なバラで次から次へとよく花が咲くので、初心者にもおすすめの品種です。

フロリバンダ（F）では、**アイスバーグ**で、白い半八重の花が春から秋まで咲き続けます。多花性で古い枝からも花を咲かせる品種です。

シュラブ（S）では、**ノック・アウト**で、耐病性ではこの品種の右に出るものはないほどの丈夫なバラです。濃ピンク色の半八重咲きで、秋遅くまで咲き続ける無農薬栽培が可能な品種です。

つるバラ系統では、日本でかつてベストセラーになり、今も根強い人気のある**ピエール・ドゥ・ロンサール**は、花枝が短く、フェンスでもポールでもびっしりと大輪で美しいピンク色の花をつける丈夫な品種です。

オールドローズでは、チャイナ（Ch）系統の**オールド・ブラッシュ**、現代バラに四季咲き性をもたらした中国の品種の一つで、四季咲き性が強く、5月の連休の頃から次々と開花し、温暖地では、冬でも花が咲きます。

ティー（T）系統の**リージャン・ロード・クライマー**は一季咲きですが開花が早く、モッコウバラの開花終期頃、平たん地では、5月の連休頃が開花ピークになります。剪定せず放任状態でもよく伸長するシュートの各節に浅いカップ状のピンク色（裏弁が濃色）の花を咲かせます。

系統別
花つきがよいおすすめのバラ

オールド・ブラッシュ
チャイナ（Ch）系統

アイスバーグ
フロリバンダ（F）系統

ピエール・ドゥ・ロンサール
つるバラ系統

リージャン・ロード・クライマー
ティー（T）系統

クイーン・エリザベス
ハイブリッド・ティー(HT）系統

（初級）✿✿✿

クレマチスの剪定で気をつけることはありますか？

クレマチスには花の咲き方に3つのタイプがあります。剪定方法が異なるので、事前に確認しましょう。

ここがコツ！

咲き方のタイプがわかると花を咲かせやすい。

クレマチスは花の咲き方（つき方）により、「旧枝咲き」、「新枝咲き」、「新旧（両）枝咲き」の3つのタイプがあり、どの系統や品種も、いずれかに入ります。

早咲きの系統の多くは**旧枝咲き**に入るため、剪定は花後すぐに花首だけ、または花首より1節下で切ったり、冬に上から下へ順に枝を見て、充実した芽を残すようにします。剪定後は残した枝を放射状に誘引します。誘引することで、バランスよくたくさんの花が見られます。

新枝咲きにはテキセンシス系やヴィチセラ系が該当し、適切な剪定と施肥を行うことで二番花、三番花を咲かせられます（四季咲き）。冬の剪定は、地際の1～3節を残す強剪定を基本とします。初夏に一番花が7～8割咲いた段階で地際部の節を残して切り戻し、すぐに施肥をすると、再び枝が旺盛に伸長し、二番花が咲きます。二番花以降は中～弱剪定（花首～5節程度までの切り戻し）にし、すぐに施肥をします。

新旧枝咲きは、大輪フロリダ系などの品種が該当します。旧枝咲きと新枝咲きの両方の性質を併せもち、前年に伸びた枝から出る芽が数節伸びると開花します。花後に剪定しても、また枝が数節伸びれば、再び開花する四季咲き性です。また、剪定の強弱によって二番花の咲く時期や花の大きさも変わり（任意剪定）、早く咲かせたい場合は弱剪定、大きな花を咲かせたい場合（開花時期は遅れる）は強剪定を行いましょう。

クレマチスは、春の芽出しから開花までの誘引作業

クレマチスの剪定の例

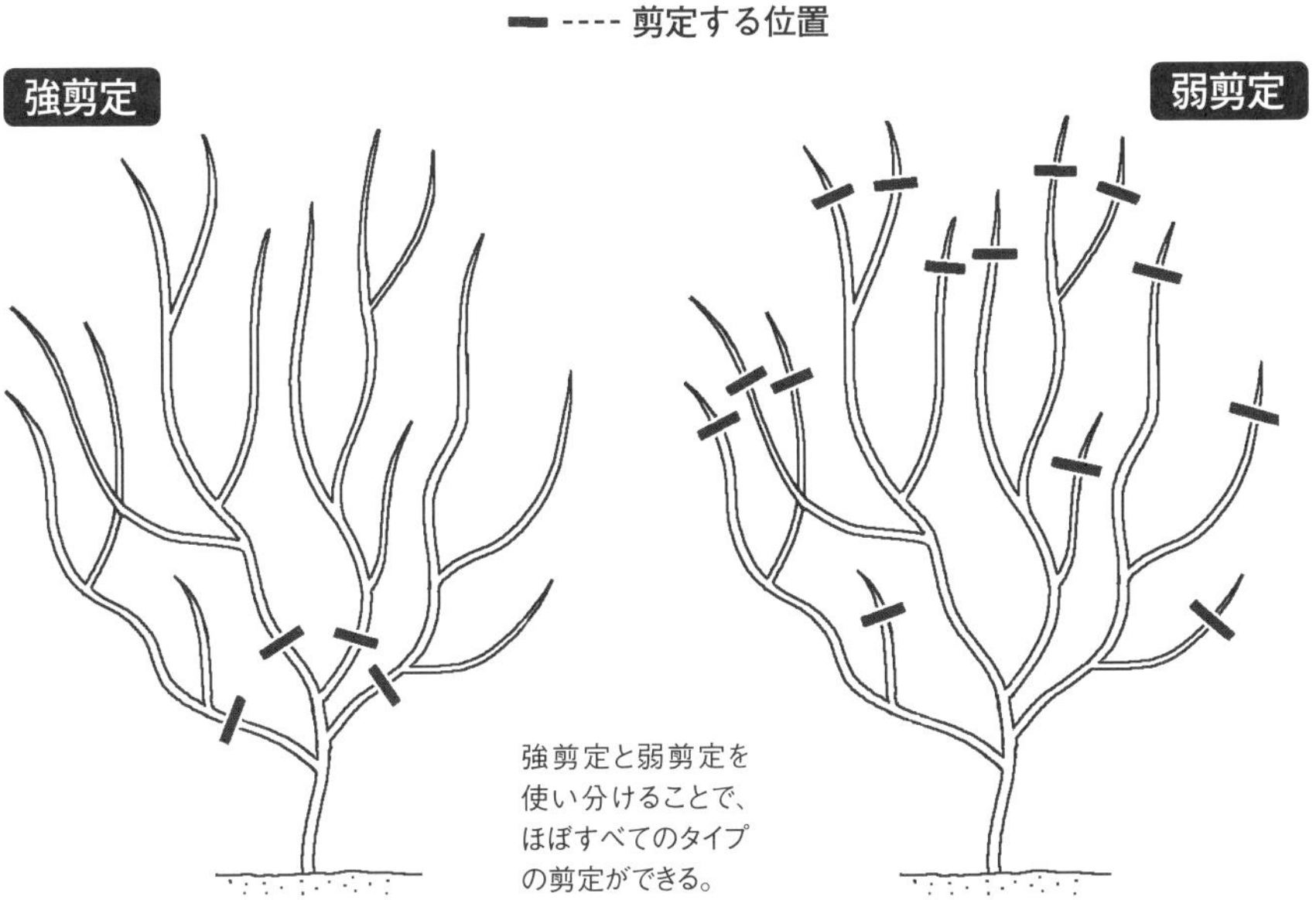
━ ---- 剪定する位置
強剪定
弱剪定
強剪定と弱剪定を
使い分けることで、
ほぼすべてのタイプ
の剪定ができる。

も大切です。2週間に1回はバランスを考えながら枝を誘引します。

なお、系統がわからない場合は、冬の剪定で、前年に伸びた枝の半分程度に切り戻し、開花の様子を確かめます。

クレマチスの剪定・誘引

2週間に1回、枝が伸びるごとに誘引するとよい。

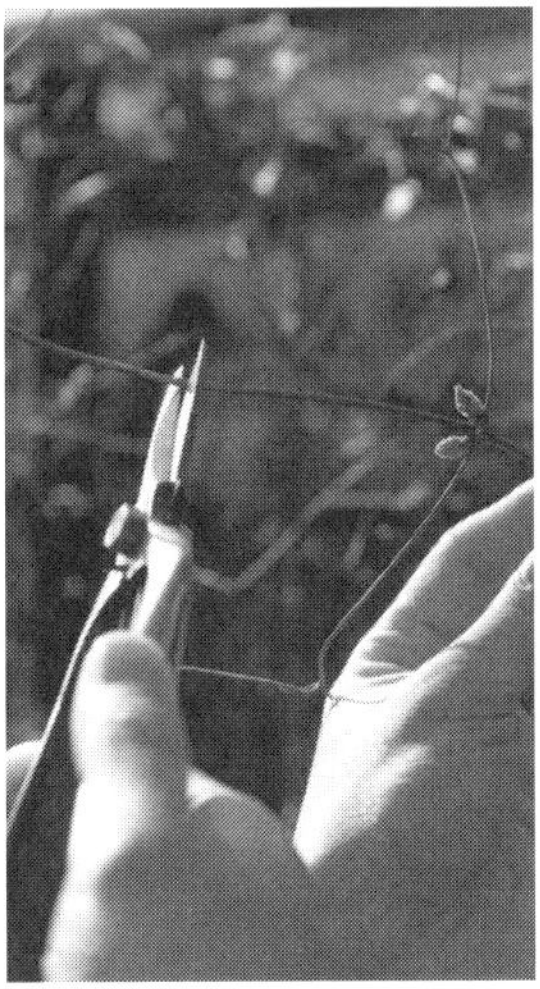

クレマチスの枝は、節の中央で剪定する。

（中級）✿✿✿

クレマチスを咲かせるコツはありますか？

ここがコツ！

クレマチスは深植えにするとよい花が咲くようになります。

深植えにすると株立ち状になりやすく、よく育ち、花がふえます。

クレマチスは鉢植え、地植えとも株元の1～2節が土中に埋まるように少し深植えにします。深植えにすることによって株全体の立枯病の予防と株立ちをよくすることができます。

また、土中に埋めた節からも芽が出て株立ち状になり、枝数も根もふえて旺盛に成長します。

一方、浅植えでも枝は伸びますが、枝数が少ないと枝の更新ができず、根も世代交代ができないために株も長もちしません。

株立ちがよくなれば、芽数もふえ、よい花がたくさん咲くことになります。また、土中に芽（節）があれば、

地上部でしか発生しない立枯病で枝が枯れてしまっても、後で地下から芽が出てくることがあります。ただし、若い1～2年生苗や開花中の株を深く植えすぎると、過湿で枯死することがあります。

〔クレマチスは深く植えるとよく花が咲く〕

（中級）✿✿✿

新枝咲きのクレマチスは剪定しないと花が咲かないのですか？

ここがコツ!

新枝咲きのクレマチスは剪定で枝数をふやして花をたくさん咲かせます。

新枝咲きのクレマチスは、剪定が必要です。

新枝咲きのクレマチスには、①テキセンシス系統やヴィチセラ系統など前年伸びたつるが冬に株元付近まで枯れ、春になると地上部に近いところや地中から新芽が7～8節ほど伸び、節々に花を咲かせながら伸長していくタイプと、②インテグリフォリア系統など、冬に地上部が枯れるが、春になると地中から新芽が伸び、先端部を中心に咲かせるタイプがあります。

新枝咲き系統は、生育が旺盛で多花性なので、早めの花後の剪定で、秋まで3～4回花を見ることができます。12～2月頃に地際部で強剪定し、株立ち状にすることがポイントで、枝ごとの剪定で強弱をつけ、新芽のスタート位置を変えることで、株全体が花で覆われるようにすることができます。また、フェンス仕立てでは広い範囲を花で覆うことができます。**太った芽がついた枝は、芽の上で剪定し、太い芽がない枝は地際部で剪定します。**反対に、剪定の機会を逸してそのままにすると、花の数が少なくなります。

〖新枝咲きのクレマチス〗

プリンス・チャールズ
テキセンシス・ヴィチセラ タイプ

アフロディテ・エレガフミナ
インテグリフォリア タイプ

（中級）✿✿✿

冬咲きのクレマチスの花つきをよくするにはどうしたらよいですか？

ここがコツ!

日当たりのよい場所で育て、剪定は春先に行います。

休眠期の初夏から夏に、間違えて枝を切らないことが大切です。

シルホサ系の品種は、夏に落葉、休眠し、晩秋から初春にかけて花をつける、冬咲きのクレマチスです。

花つきをよくするには、鉢植えなら日当たりのよい場所に置き、庭ならできるだけ西日が当たらず、一日で4時間以上日が当たる日なたに植栽します。夏は休眠するので、水やりは控えめにして乾かし気味に管理します。

枝が伸びすぎる傾向があるので、春先にある程度剪定をしてバランスを整えるとよいでしょう。

この系統で最も注意することは、夏の休眠中の株姿がみすぼらしいので、枯れていると勘違いして枝を切ってしまうことです。他の植物が旺盛に伸びる初夏から夏に茶色くなった葉や枝が目立つので剪定したくなりますが、枯れているわけではないので枝を切らないようにします。

冬咲きのシルホサ系のクレマチス

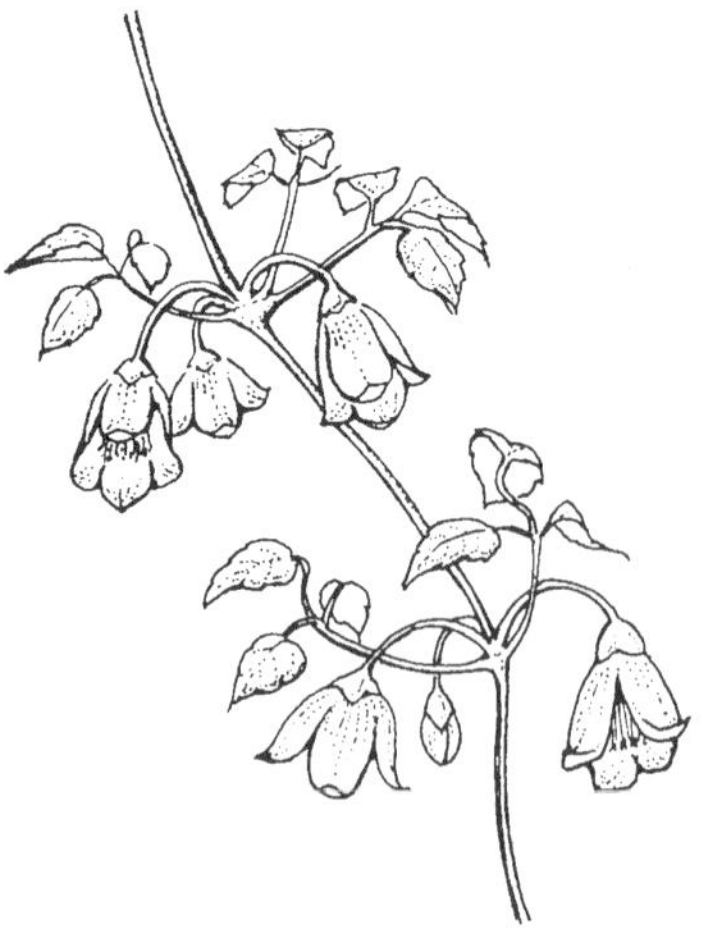

シルホサを中心に品種改良したものが多い。オフホワイトの花が下を向いて咲き、かわいらしい。

（初級）

花つきのよい、おすすめのクレマチスはありますか？

ここがコツ！

早咲き大輪系ではH・F・ヤング、新旧枝咲きではビクトリア、新枝咲きではエトワール・ヴィオレットやプリンセス・ダイアナなどがあります。

花つきがよい品種を選べば、クレマチス栽培の楽しさが広がります。

丈夫で花つきのよいおすすめのクレマチスです。

まず、旧枝咲きに入るもののうち、早咲き大輪系には、青紫色の**H・F・ヤング**と**ザ・プレジデント**があり、古い品種ですが、それぞれ歴史的名花で、丈夫で花つきがよく、鉢植え、庭植えの両方に向く四季咲き性の品種です。ピンク色の品種に**ドクター・ラッペル**があり、株立ちがよく、花つきのよい四季咲き強健種です。

同じく、旧枝咲きに入るモンタナ系では、**モンタナ・ルーベンス**が最もよく流通しています。花色はピンク色、花は丸みを帯びた4弁花で、花には甘いバニラのような香りがあります。古枝の各節に花をつけ、4～5月に株全体を覆うほどに咲きます。枝の生育も旺盛なので、庭植えにしてアーチ、ポール、フェンス仕立てにすると似合います。

次に、新旧枝咲きの遅咲き大輪系では、定番の紫色として、**ロマンチカ**、**ヴィオラ**、**ジャックマニー**、**ビクトリア**、明るいブルーの**プリンス・チャールズ**、赤紫色の**ミケリテ**、サーモンピンク色の**コンテス・ドゥ・ブシュウ**などがおすすめです。このうち**ジャックマニー**は、1800年代に英国で育成された歴史的名花で、クレマチス改良の先鞭をきった生育旺盛な四季咲き性多花性品種で、庭植えすると立体的に仕立てられます。

プリンス・チャールズは目の覚めるような明るいブルー系の花色で、建物の壁面に誘引して咲かせると見事です。この遅咲き系の品種は晩春から秋にかけて咲く四季咲き性のある品種です。
新枝咲きのヴィチセラ系では、**エトワール・ヴィオレット**、**マダム・ジュリア・コレボン**、**アルバ・ラグジュリアンス**などがあります。**エトワール・ヴィオレット**はヴィチセラ系の紫色代表品種で、伸長した新枝の側枝に次々と花をつける四季咲き強健種です。**マダム・ジュリア・コレボン**は赤色ヴィチセラ系の代表品種で、新梢の各節に花をつける四季咲き強健種です。**アルバ・ラグジュリアンス**は、白色で弁先の一部が緑色になる4弁花で、生育旺盛な花つきのよい品種です。

新枝咲きのテキセンシス・ヴィオルナ系では、**プリンセス・ダイアナ**、**踊場**などがあり、この系統の特徴として、花が開平せず、つぼ状となります。

プリセス・ダイアナは、クレマチスの中でも一番人気の品種で、伸長した新梢の各節に花をつけ、四季咲き性があり、秋遅くまで咲き続けます。花は4弁のチューリップ咲きで横向きまたは上向きに咲きます。**踊場**は、4弁のベル形で下向きに咲くピンク色の品種で、四季咲きの強健種です。

木立ち性のインテグリフォリア系では、**アラベラ**、**デュランディー**、**アフロディテ・エレガフミナ**などがあります。**アラベラ**は、咲き始めが明るい青紫色で中央に赤みがかった筋が入り、咲ききると浅い青紫色となる四季咲き性品種です。**デュランディー**は、青紫色の4~6弁花で横向きに咲き、年に3~4回咲き、切り花でも楽しめます。**アフロディテ・エレガフミナ**は、ビロード感のある濃紫色で、多花性で成長をしながら次々と花を咲かせます。新枝咲きで、剪定後、次の開花まで約1ヵ月なので、年に3~4回花を楽しめます。

壁面に誘引した2種類のクレマチス。壁の上側を覆うプリンス・チャールズと、手前のコンテナに植えたアラベラ。それぞれのつるの伸び方の違いを生かして花いっぱいに。

タイプ別　花つきがよいクレマチスの品種

旧枝咲き

モンタナ・ルーベンス
モンタナ系

H.F. ヤングとドクター・ラッペル
早咲き大輪系

H.F. ヤング　早咲き大輪系

新旧枝咲き

プリンス・チャールズ
遅咲き大輪系

ロマンチカ　遅咲き大輪系

新枝咲き

プリンセス・ダイアナ
テキセンシス・ヴィオルナ系

エトワール・ヴィオレット
ヴィチセラ系

デュランディー
インテグリフォリア系

マダム・ジュリア・コレボン
ヴィチセラ系

（中級）✿✿✿

クリスマスローズにはどんな種類がありますか？

ここがコツ！

大きく分けて約20種類の原種と、多彩な交配種があります。

クリスマスローズは系統により、花が大きく異なります。

クリスマスローズはキンポウゲ科ヘレボルス属の多年草で、ヨーロッパから西アジアを中心に約20種が分布し、これらの原種が交配され多くの品種が育成されています。

まず、茎の伸長の仕方により、有茎グループと無茎グループに分けられます。原種のヘレボルス・アーグチフォリウス（Helleborus argutifolius）やヘレボルス・フェチダス（H. foetidus）のように茎が伸びるにつれて葉を展開させ、茎頂に花をつけるタイプを**有茎グループ**と呼びます。

それに対し、茎のつけ根から葉茎や花茎を伸ばすものを**無茎グループ**と呼び、ヘレボルス・ニゲル（H. niger）やヘレボルス・オリエンタリス（H. orientalis）が属します。

花弁のように見えるのはがく片で5枚あり、花弁は退化し、小さな蜜腺となっています。雄しべは多数あり、果実は袋状（袋果《たいか》）となります。

交配種（品種）には花色と花形に幅広いバリエーションがあり、花色では、白から黄緑系、桃から赤紫系、濃赤紫から黒までの色幅、花形では一重から半八重、八重咲きまであり、がく片の開き方で平咲き、カップ咲き、筒咲きがあります。

また、がく片表面にはさまざまな模様があり、スポット（斑点）、ブロッチ（スポットが密に固まり大きな斑点のようになったもの）、ピコティー（縁に覆輪《ふくりん》）、バイカラー（複色）、ベイン（脈状の条斑）、ネット（網目）、フラッシュ（花の中央部から外側に火花を散らしたようにスポットが入る）、ダークネクタリー（蜜腺の色が黒や紫などの暗色系）、アイ（中心にスポット）と多彩です。

開花はクリスマス頃から始まり、遅いものでは5月下旬頃まで咲く種類があります。

交配種の色の入り方

バイカラー
ピコティー
ダークネクタリー

交配種の斑点の入り方

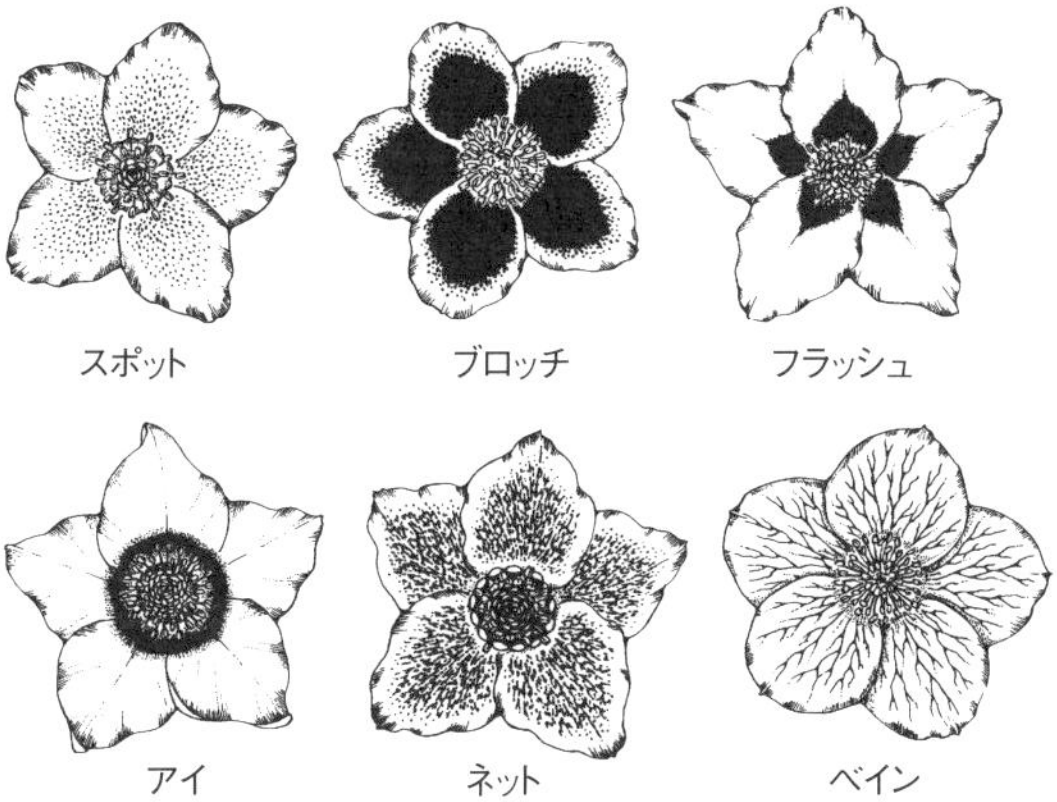
スポット
ブロッチ
フラッシュ
アイ
ネット
ベイン

クリスマスローズの花と株の構造

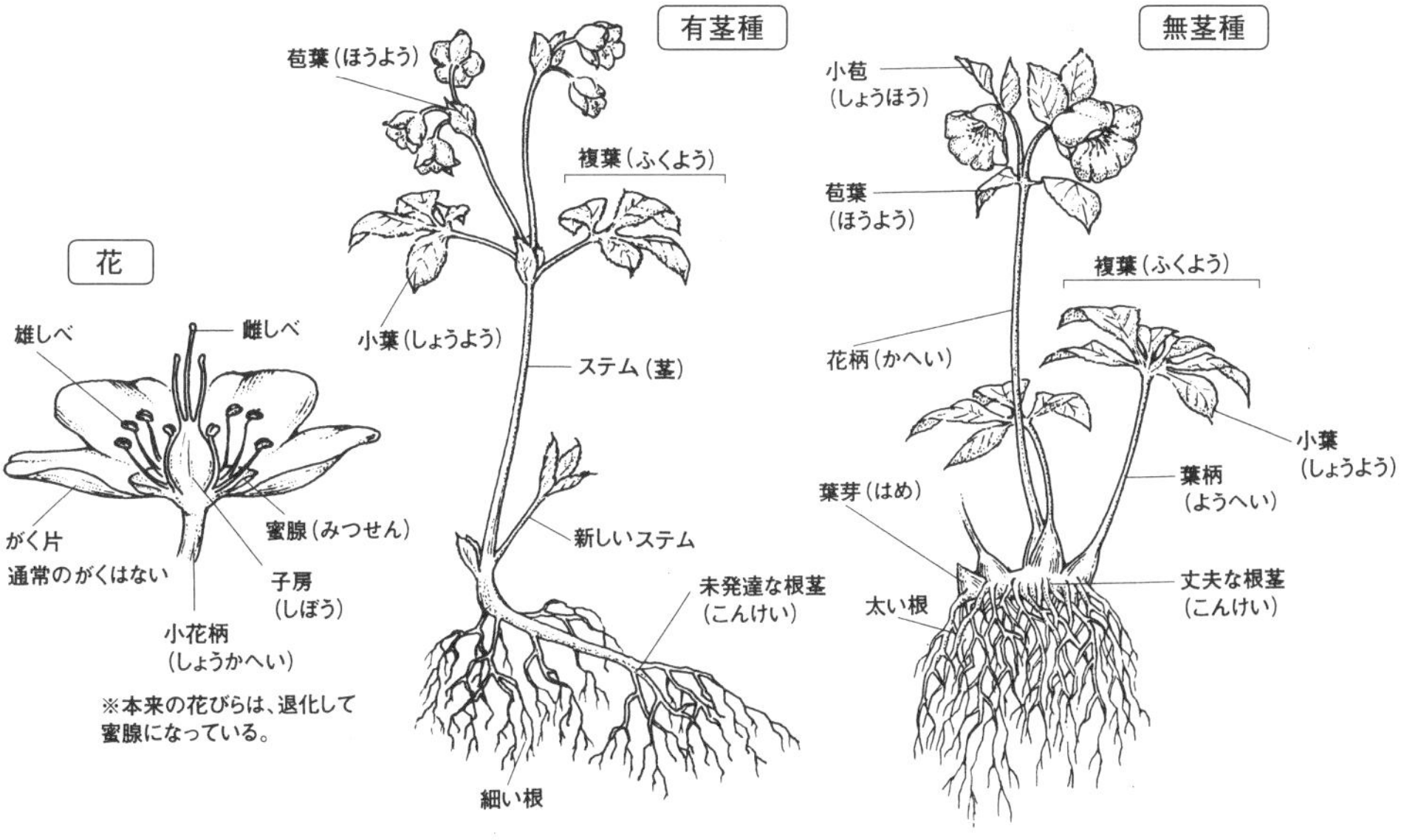
花
雄しべ
雌しべ
がく片
通常のがくはない
蜜腺（みつせん）
子房
（しぼう）
小花柄
（しょうかへい）
※本来の花びらは、退化して蜜腺になっている。
有茎種
苞葉（ほうよう）
複葉（ふくよう）
小葉（しょうよう）
ステム（茎）
新しいステム
未発達な根茎
（こんけい）
細い根
無茎種
小苞
（しょうほう）
苞葉
（ほうよう）
複葉（ふくよう）
花柄（かへい）
小葉
（しょうよう）
葉柄
（ようへい）
葉芽（はめ）
丈夫な根茎
（こんけい）
太い根

（中級）✿✿✿

クリスマスローズは、どんな株がよく咲きますか？

ここがコツ！

花つきに個体差があるので、元気で大きな葉の苗を選びます。

市販されている多くの株は、一つずつ個性が異なります。

2年以上栽培した苗や開花株を購入する際、葉の数が多いものより、葉の数は少なくても茎がしっかりと太く、元気で大きな葉が伸びているものを選びましょう。そのほうが花つきがよいのです。市販のクリスマスローズのほとんどが交配種の実生株（タネから育てられた株）です。つまり一株一株が、遺伝的に違う特徴をもった株であるということです。

形質が固定されていない実生株なので、花形や花色など、性質が1株ごとに少しずつ異なります。そのため、交配種には1鉢ずつに品種名がついていないのが一般的です。

一方で、大手種苗会社では、優良な選抜個体をメリクロンのような組織培養でふやしている場合があります。組織培養というのは、クローンと同じなので、基本的にはすべて同じ形質をもったコピーということになります。それで、メリクロン培養の苗には品種名がつけられて売られているのです。

〔メリクロン培養の品種の例〕

フローレンス・ピコティ

メイプル・シフォン

Chapter 4

多肉植物・観葉植物の花をもっと咲かせるコツ

多肉植物とは、どんな植物ですか？

（初級）

ここがコツ！

乾燥した環境に適応した植物です。

乾燥期を生き延びるために、水分が得られる時期に茎や葉に水分を蓄えています。

多肉植物は水分条件の悪い乾燥地を自生地とする植物で、乾燥期を生き延びるために水分が得られる時期に茎や葉に水分を蓄え、その水分を利用しながら生きている植物です。

また、水分を逃がさないために蒸散作用の大きい葉をトゲに変化させたり、ＣＡＭ（ベンケイソウ型有機酸代謝）といわれる多肉植物特有の光合成回路を発達させてきています。光合成は炭酸ガスと水から炭水化物と酸素を合成しますが、この炭酸ガスの取り込みは気孔から行われるため、ＣＡＭ植物は、同時に水分を逃がす蒸散が行われる気孔を気温の高い昼間は閉じて、夜間に気孔を開き、炭酸ガスを取り込むようになっています。

自生地は、まったく雨の降らないところではなく、雨期と乾期がある砂漠周辺部や、岩盤の隙間、石ころだらけの平原、海に面した塩水湿地などです。また、雪が降り氷が張るような高山帯や寒冷地の水分条件の悪い地域にも自生しています。

代表的な多肉植物はサボテン科の植物ですが、同様な乾燥条件に置かれれば、他の科の植物でも多肉化します。ユリ科、キク科、ベンケイソウ科、トウダイグサ科などにも多肉植物が見られます。

例えば、南アフリカの乾燥地を故郷とするグリーンネックレスやマーガレットアイビーは、キク科の植物です。サボテンは北米からメキシコ、南米にかけて自生する新大陸特産の植物で、アジアやアフリカなどの旧大陸には自生しない植物です。もしも、旧大陸でサボテンが群生しているような情景があれば、それは新大陸から持ち込んで繁殖したものです。また、アフリカ大陸で見る大きな柱サボテン様の植物はサボテンではなく、ほとんどがトウダイグサ科の植物です。

一般に多肉植物は茎葉が肥大し、変わった形に見えるため、その姿を主に観賞しますが、花が美しいものもたくさんあります。特にサボテンや、いわゆるメセン類と呼ばれるハマミズナ科の植物では、自分の体より大きな花をつけ、しかも、とてもカラフルで鮮やかな花を咲かせます（159ページ参照）。

〚通常の植物　C3 植物〛

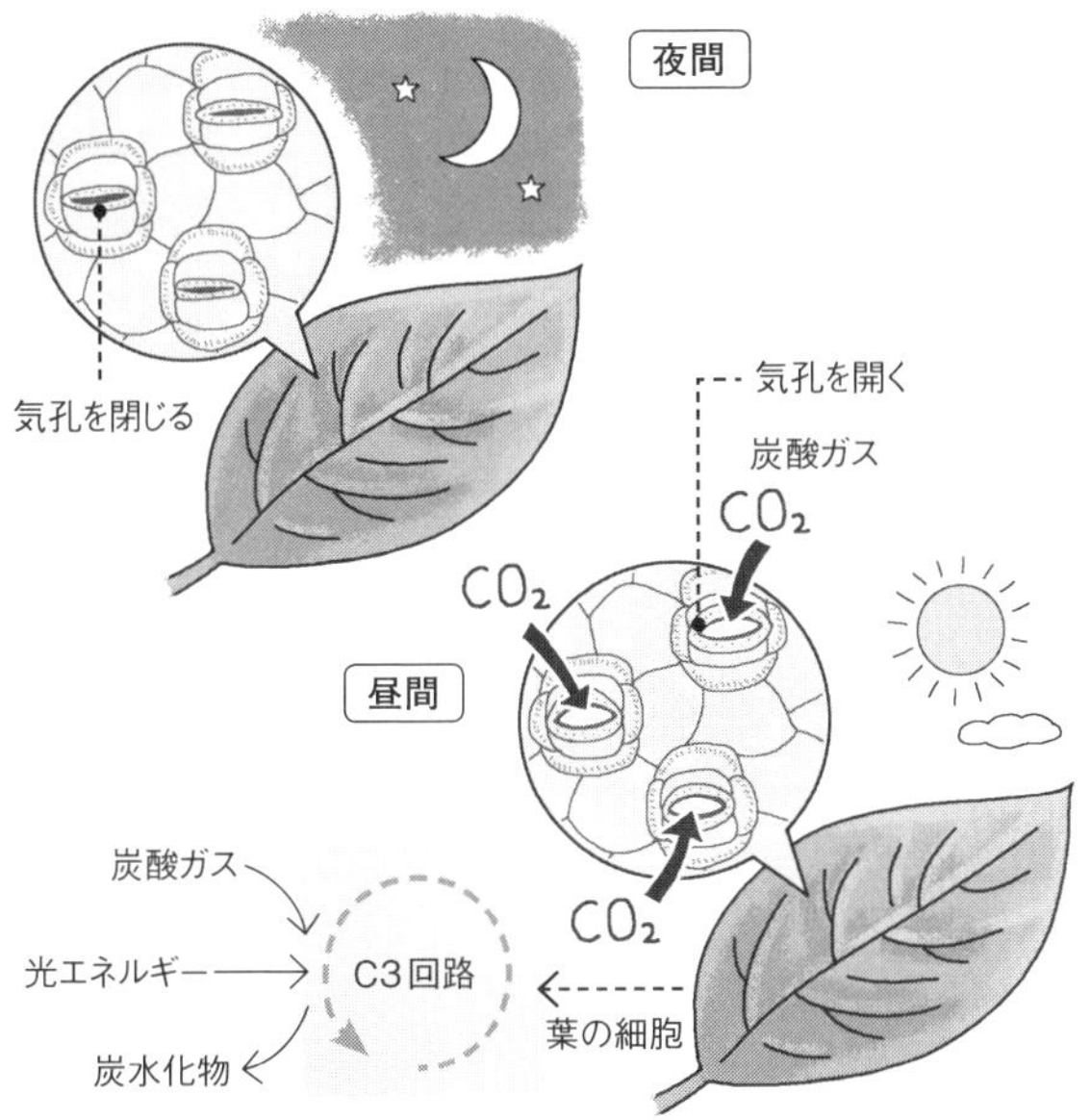
夜間
気孔を閉じる
気孔を開く
炭酸ガス
CO_2
CO_2
昼間
CO_2
炭酸ガス
光エネルギー
C3回路
葉の細胞
炭水化物

〚CAM 植物［多肉植物や多肉質の葉をもつラン（カトレア、コチョウランなど）］〛

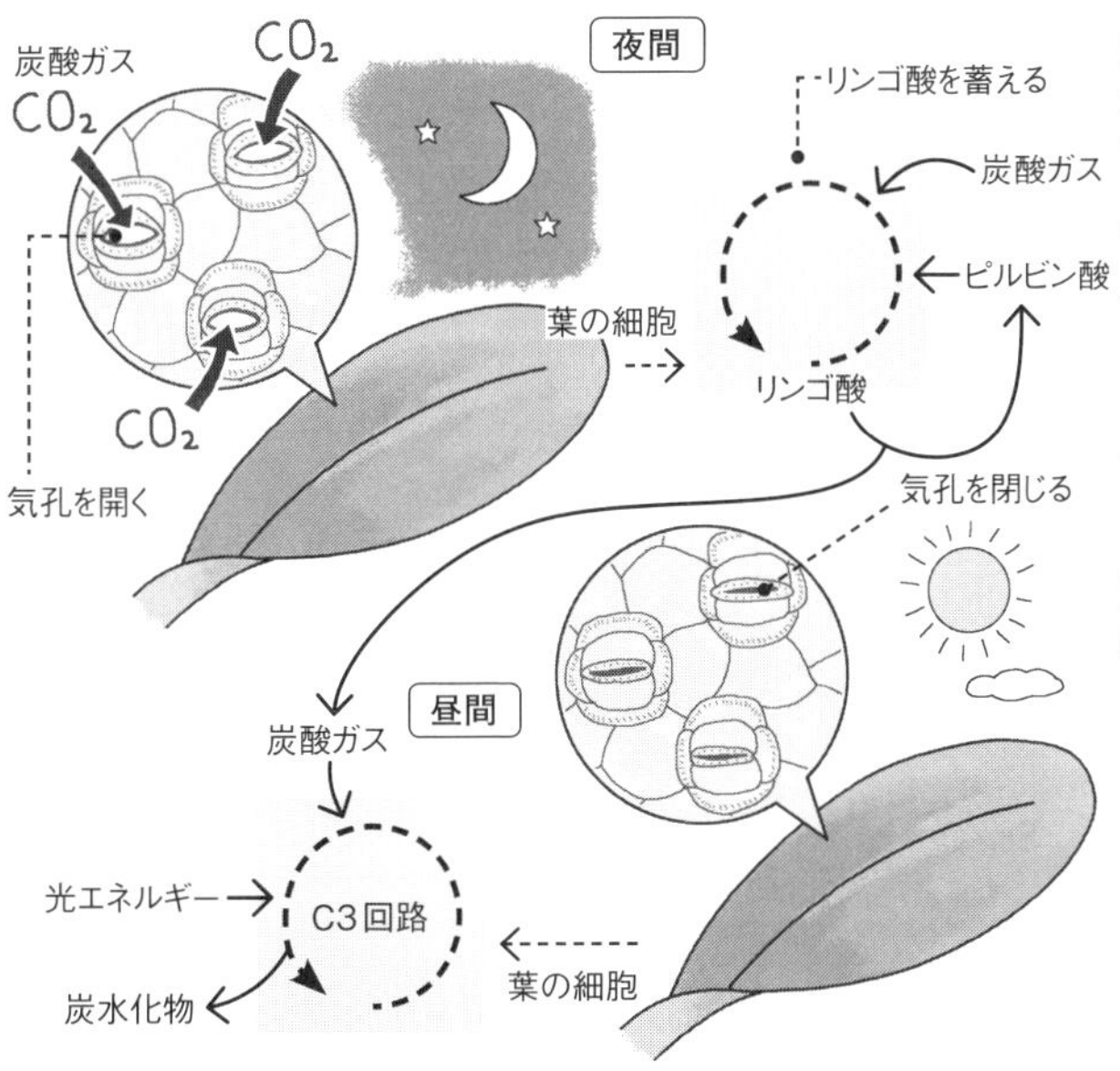
炭酸ガス
CO_2
CO_2
夜間
リンゴ酸を蓄える
炭酸ガス
ピルビン酸
葉の細胞
リンゴ酸
CO_2
気孔を開く
気孔を閉じる
昼間
炭酸ガス
光エネルギー
C3回路
葉の細胞
炭水化物

（初級）

多肉植物の開花時期はいつですか？

ここがコツ！

生育型によって、開花時期が異なります。

多肉植物には主に3つの生育型があります。

多肉植物は、水分条件のよくない乾燥するところに生育するため、乾燥地のある低緯度から高緯度の地域まで世界中のいろいろな気候帯に分布します。そのような幅広い気候帯に自生する多肉植物を日本で栽培すると、さまざまな生育パターンを示します。

自生地の気象条件により、耐暑性や耐寒性、日長や乾燥に対する感受性などがそれぞれの種類で異なっているためで、一般に以下の3タイプに分けられています。

①**春秋型**：暑さ寒さを避けて、春と秋に生育するもの。
②**夏型**：春から秋にかけて生育し、冬に生育を休むもの。
③**冬型**：秋から春にかけて生育し、夏は生育を休むもの。冬型は日本の夏の高温と強い日ざしが生育に適さないため、夏に休眠します。

春秋型に入る多肉植物には、ベンケイソウ科のエケベリア属、セダム属など、ツルボラン科のハオルチア属などが属し、春、春から秋、春と秋に開花します。

夏型には、リュウゼツランが属するキジカクシ科のアガベ属、サンセベリア属、キョウチクトウ科のパキポディウム属、サボテン科のアストロフィツム属、エキノカクタス属、マミラリア属などのたくさんの属があり、多くのものが春に開花します（アガベ属とサンセベリア属は花が咲きにくく、アガベ属は花が咲くまでに数十年が必要）。

冬型には、いわゆるメセン類とも呼ばれるハマミズナ科のコノフィツム属やリトープス属などが含まれ、主に秋から冬にかけて花が咲きます。

多肉植物の主な生育型

冬型

秋から春の5～23℃が生育適温ですが、5℃未満は苦手です。夏の休眠期は水やりを控え、雨のかからない風通しのよい場所に置きましょう。

アルブカ、コノフィツム、ドリミア、ペラルゴニウム、フォーカリア、フェネストラリア、プレイオスピロス、リトープスなど

コノフィツム

リトープス

夏型

春から秋に20～35℃で生育します。真夏は生育緩慢なので、遮光して風通しよく過ごさせます。冬の休眠期は水やりを控え、温室や室内の窓辺で保護します。

アストロフィツム、アガベ、アデニウム、アロエ、サンセベリア、パキポディウム、エキノカクタス、マミラリア、ロフォフォラ、ユーフォルビア（一部）など

アストロフィツム

パキポディウム

春秋型

春と秋の穏やかな気候で生育します。夏は生育が緩慢で半休眠になることが多いです。13～25℃が生育適温で、真冬と真夏は水やりを減らします。

オロスタキス、エケベリア、グラプトペタルム、グラプトセダム 、セダム、セネシオ、ハオルチア、センペルビウム、パキフィツムなど

ハオルチア

セダム

（中級）✿✿✿

多肉植物の水やりで、気をつけることはありますか？

ここがコツ！ **休眠期は水やりを控え、生育期に入る時期に水やりを開始します。**

休眠期と生育期で水やりの仕方が大きく異なります。

多肉植物は、貴重な水分を逃がさないよう、サボテンのように葉をトゲに変化させたり、葉や茎に水分を蓄えられるように肉質化させています。しかし、乾燥地でも、まったく雨が降らないわけではなく、毎年、雨期と乾期が繰り返されます。

多肉植物も雨期に生育を盛んにし、乾期は生育が緩慢となり休眠します。多肉植物の栽培では、**生育期に入る時期に水やりを開始し、休眠期は水やりを控えます。**

サボテンは春と秋に生育する植物です。また、秋より春のほうが生育は盛んなので、春の生育の始まる3月ぐらいから水やりを始めます。夏は生育が鈍くなるので、春の半分ぐらいとし、秋9月頃には春の6～7割ぐらいの水を与えます。冬は月に1回くらいです。

春秋型の水やりは、サボテンに準じます。

春から秋に生育する夏型種では、春と秋は鉢土が乾いたらたっぷりと水やりし、真夏の1ヵ月は水やりをやや控えるか、夕方から夜にかけて涼しくなってから与えます。

冬型種では、9月以降涼しくなったら徐々に水やりをふやします。10月以降は、乾いたらたっぷり水をやりますが、冬型種は生育が遅く、水をやりすぎると、植物体が割れたり、徒長するので注意が必要です。厳寒期の1～2月は生育が緩慢なので、水やりを減らします。春以降は様子を見ながら水やりを調節し、6月にはごく少なめにして夏は控えます。

（初級）

多肉植物には、どんな用土がよいですか？

ここがコツ！

水はけがよく、保水性と保肥力があり、清潔な用土を好みます。

市販のサボテン・多肉植物用の用土が便利です。自分で配合すると、より楽しくなります。

多肉植物が自生しているところは、雨があまり降らず乾燥していて、他の植物も少ないところですので、土壌も肥えていません。つまり多肉植物は、植物の遺骸である腐植が土壌に少ないところに自生しています。

ですから、基本的には、**多肉植物を植える用土は、水はけ（通気性）がよく、保水性と保肥性があり、病害虫を含まない清潔なものを用います。**水はけをよくするため、みじん（微塵）をふるいを使って除きましょう。

基本用土としては、赤玉土、鹿沼土、桐生砂、日向土、富士砂、軽石などが用いられ、それらを組み合わせ、ピートモスや腐葉土を1割程度混合します。一例として、赤玉土5：桐生砂2：軽石2：ピートモスまたは腐葉土1の組み合わせや、赤玉土4：鹿沼土2：軽石1：くん炭1：バーミキュライト1などの組み合わせとします。

もちろん、市販のサボテン・多肉植物用の用土を用いることもできます。ただし、水はけがよすぎる用土の場合は、赤玉土（小粒）を20％ほど混ぜます。

多肉植物におすすめの用土配合例

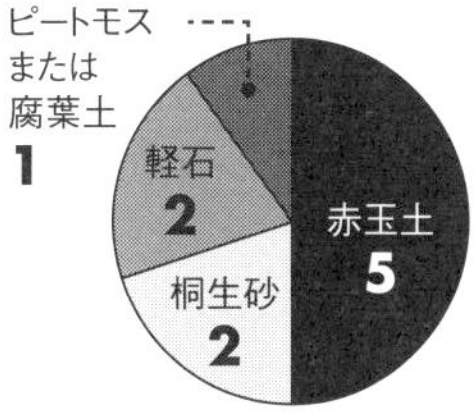

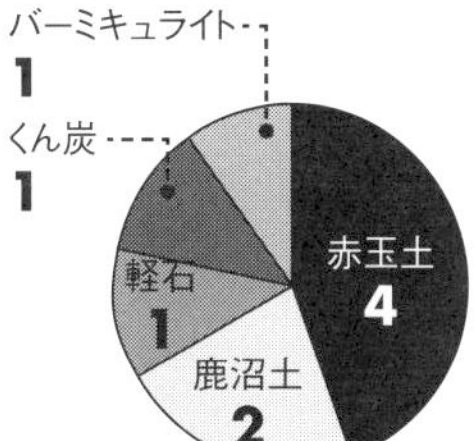

多肉植物は花が咲きやすいですか？

（初級）

ここがコツ！ **セダムは咲きやすく、サボテンやアガベは開花までに年月がかかります。**

多肉植物には花が咲きやすいものと咲きにくい系統があります。

花が咲く仕組みのところで取り上げたように、植物自体が成熟していないと開花しません。人が年を重ねるように、植物も年齢を重ねないと（加齢）、花が咲かないのです。

多肉植物にもこの成熟までの加齢の仕方に違いがあり、加齢に年数がかかるものは花が咲きにくいのです。代表的なものはリュウゼツラン（アガベ属）で、なかなか花が咲かないのでセンチュリープランツとも呼ばれています（開花までに数十年かかる）。

多肉植物の中でもサボテン類はタネから育てると開花まで数年以上はかかります。そのため、柱サボテンに接ぎ木をすることにより早く花を咲かせることができます。他の植物でも、接ぎ木は加齢を進めることができ、植物の成熟（老化）を加速できます。例えば、リンゴなどの果樹類では、新たな品種を導入する際に、幼木を植栽するのではなく古木の枝に高接ぎという方法で接ぎ木を行い、新品種への切り替えが行われています。幼木だと出荷できるような果実が収穫できるまで数年以上かかるところを、高接ぎ更新をすることにより、その期間が短縮できるというわけです。

主な多肉植物の中では、**ベンケイソウ科のセダム属、エケベリア属、グラプトペタルム属は、比較的、早く花を咲かせることができます。**特にセダム属のメキシコマンネングサでは、挿し穂から繁殖し1年以内に開花させることができます。

（初級）

多肉植物の休眠期に気をつけることはありますか？

ここがコツ！

休眠期は、水と肥料を控えます。

休眠期に水や肥料を与えすぎると腐ることがあります。

多肉植物は、雨期と乾期がはっきりしたところに自生しており、生育に不適な乾期には休眠します。この休眠期には、水やりを控えます。休眠期に水を与えすぎると、株が腐って枯れることがあるので注意しましょう。

生育型で見てきたように、夏型は冬に休眠し、冬型は夏に休眠します。**この休眠期は、体内に蓄えた水分で生きていますので、ほとんど水やりは必要がありません。**夏型の冬に休眠する種では、冬に管理温度が5～6℃ぐらいに保てる場合は月に1度ぐらいの水やりが必要ですが、0℃以下に下がるような場合はまったく水やりをしないぐらいの断水にします。

また、**休眠期に施肥を行うと、植物体を腐らせてしまうことがありますので、注意したいものです。**

多肉植物の生育期と休眠期の水やり

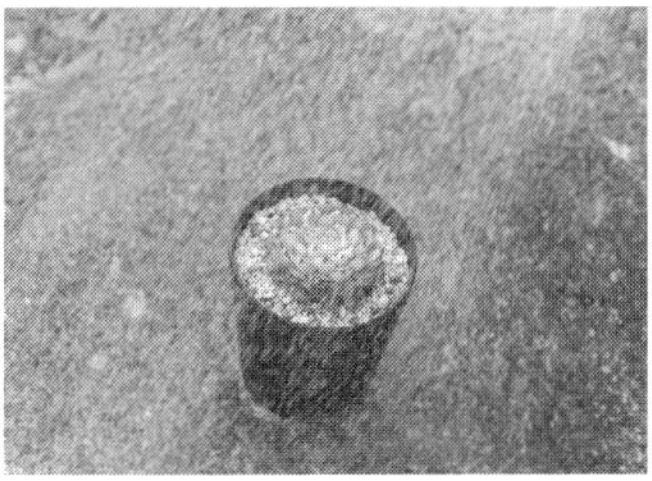

生育期はたっぷり水やりする。上から水をかけても大丈夫（エケベリアを除く）。

休眠期は、1ヵ月に1回程度、軽く霧吹きで水を与えるくらいでよい。

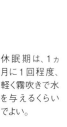

（初級）✿✿✿

多肉植物は、肥料がいらないのですか？

ここがコツ!

少なめでよいのですが、植えつけ時と生育期に肥料を与えます。

多肉植物の肥料やりは、「控えめに」と「生育期」がポイントです。

多肉植物は砂漠周辺やがれき地などの肥料分が少ない場所に自生していますが、健全な生育や大きく充実した株に育てるためにも、適度な施肥を行いましょう。

基本的には、植えつける際の用土に元肥として、ゆっくり効く緩効性化成肥料を施します。肥料分が切れてきたら、適期に元肥の入った新しい用土で植え替えを行います。なかなか植え替えられない多肉植物の寄せ植えや、水はけがよすぎて肥料分が流亡してしまうような用土に植えられている場合は、追肥として薄い液肥を施したり、緩効性肥料を置き肥します。

追肥する場合、休眠期や半休眠期に行うと、急に株が傷んだり枯れたりすることがあります。気温が下がると紅葉する種類がありますが、肥料が効きすぎると発色がさえなくなるので注意します。

いずれの場合も、**肥料が多すぎると徒長しがちとなるので、一般の草花より少なめに与えましょう。**

〖多肉植物に適した肥料〗

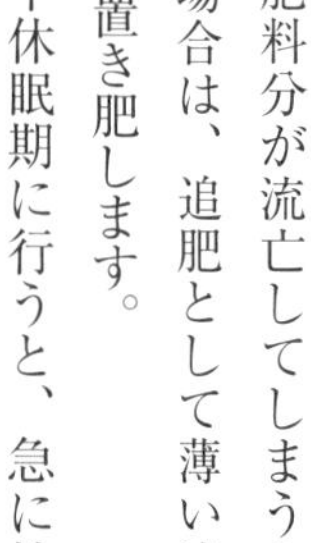

緩効性化成肥料

化成肥料が合成され、窒素・リン酸・カリほか、植物に必要なミネラルが少しずつ溶け出す。元肥や追肥に便利。

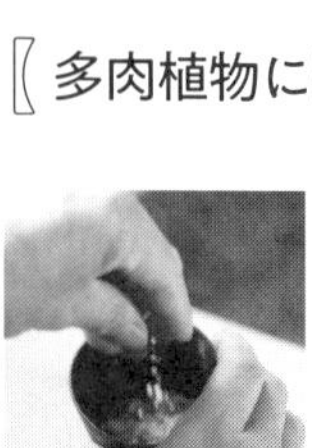

元肥にも、追肥用にも使える、粒状の肥料もある。

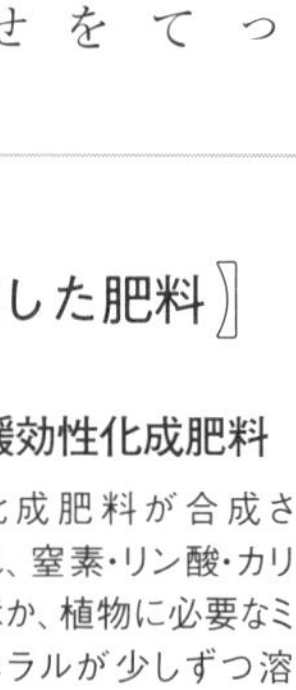

水で薄めて使うタイプの液肥。生育期の追肥に便利。

（初級）

多肉植物の花を咲かせるには、どうしたらよいですか？

ここがコツ！

よく日に当て、風通しのよい場所で、適度な水と肥料を与えます。

多肉植物を健全に育てることで、花は咲きます。

多肉植物の花を咲かせるには、栽培している種類の生育型に合わせた栽培・管理が最も重要です。

つまり、生育期には風通しのよい場所で日にしっかり当て、適度な水やりと施肥を行い、休眠期には水やりと施肥を控えることです。それぞれの種類ごとに生育型が違いますので、そのことを知ったうえで管理することが大切です。

例えば、冬型のメセン類（リトープスやコノフィツムなど）では、冬の生育期には、できる限り日によく当て、日照を確保し、この時期に緩効性の化成肥料を置き肥したり薄い液肥を水やりがわりに施します。水やりは用土が中まで乾いてから、1週間か10日おきに行います。

逆に夏はほとんど水やりを行わずに断水し、施肥は行いません。8月の終わりから9月の初め頃に、少しずつ水やりを始めます。

このような栽培・管理を行うことにより、健全な生育ができ、花を咲かせるだけの養分が蓄積されます。

花が美しいメセン類

透明な「窓」と呼ばれる部分から光を取り込むコノフィツム（旧分類ではオフタルモフィルム）。

「砂漠の宝石」とも呼ばれる、リトープス。秋に咲く花はとても美しい。

（初級）

観葉植物の花は、どうやったら咲きますか？

ここがコツ！

耐陰性がある観葉植物でも、明るめの場所に置きます。

観葉植物の花を咲かせるには、その植物に合った環境で、やや明るめの場所に置きます。

観葉植物は基本的には、花ではなく葉を観賞の対象とする植物です。葉の形や大きさ、色や模様を楽しむことから、日本産（温帯産）のアオキやカクレミノ、ヤツデ、オモトなどの和もの植物も観葉植物になります。しかしながら、観葉植物は主に室内で楽しむことが多く、耐寒性のない熱帯産、亜熱帯産の常緑のエキゾチックな植物を指すことが多くなります。

室内で楽しむことが多いので、インテリアとして人の住む空間を演出する道具の一つでもあります。そのようなことから、窓越しの光のもとや日陰にも耐えられる（生育できる）ことが観葉植物の重要な要件になります。ここでは、室内植物（インドアプランツ）としての観葉植物に焦点をしぼり、熱帯・亜熱帯産植物を対象に解説します。

熱帯は赤道を中心とした地域で、赤道直下は熱帯雨林で、周辺に熱帯モンスーン、熱帯草原（サバンナ）の気候帯からなります。観葉植物とされている植物の多くが、東南アジアと熱帯アメリカに分布し、上記の気候帯に適応したさまざまな植物からなります。従って、それぞれの植物は、その気候に合わせて開花することになります。

観葉植物の中でも、アンスリウムやスパティフィラムのようなサトイモ科の植物は科特有の形をした目立つ花を咲かせます。本来の花は花弁のない目立たない花（肉穂花序）となり、目立っているのはその花序を保護している器官である苞《ほう》になります。苞は白、ピンク、赤などの色になります。**これらの植物は耐陰性もあり、室内植物としてよく利用されていますが、花を毎年咲かせるためにはあるレベル以上の光を必要とします。そのため、レースのカーテン越しの光が差す窓際に鉢を置きましょう。**

アナナス類のチランジアやグズマニアは、美しい花を咲かせますので、窓際の光の差すところに置きます。アナナス類は、エチレンやアセチレンのような老化ホルモンとなるガスにさらすと花を咲かせます。エチレンは果実が熟する際にも発生するので、その発生量の多いリンゴを近くに置いておくのも一つの方法です。

サトイモ科の観葉植物の花

スパティフィラム

花が穂状になって密に花茎につく「肉穂花序」。花弁のようなものは花序を保護する「苞」で、サトイモ科のものは仏像の飾りに似ているので仏炎苞と呼ばれる。

アナナス類の観葉植物

グズマニア

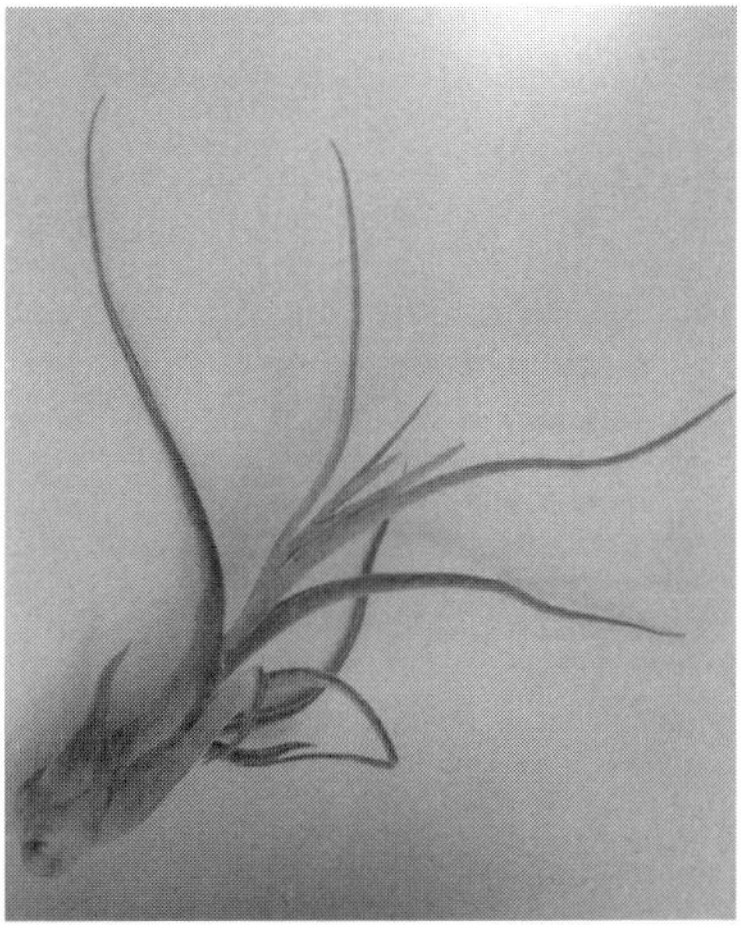

チランジア

アナナス類を開花させるには　アセチレンやエチレンに反応して花芽を分化させる。グズマニアとチランジア以外には、オオインコアナナスやエクメアなどが、同様に開花する（145ページ参照）。

（中級）✿✿✿

観葉植物には、花が咲かないものがあるのですか？

ここがコツ！

花が咲かないわけではありませんが、目立たないものがあります。

観葉植物には花が咲くものと咲かない（咲いても観賞価値がない）ものがあります。

本来、観葉植物の主な観賞部位は葉や茎ですので、花はあまり観賞価値のないものが多いものです。もちろん、アナナス類、アンスリウム、スパティフィラムなどのように、葉も花も美しくて観賞価値が高い植物もあります。

どの観葉植物でも、花が咲かないことはないのですが、咲いても目立たないもの（観賞価値がない）や、咲くまでに年月がかかってめったに咲かないものは、花が咲かないように見えます。

例えば、サンセベリアのような植物は、毎年、花が咲くわけではなく、何年かに一度、目立たない花を咲かせます。それで、いつ見ても花が咲いていないように見えます。また、咲いても花色が白っぽい緑色で、あまり観賞価値もありません。

花を楽しむアナナス類（パイナップル科の植物）では、エチレンガスを施与すると開花が促進されることがわかっていて、前述のように近くにリンゴを置く以外に、生産者の間ではエチレンガスを生成させるエスレルという薬品や同様の効果があるアセチレンガスを発生させるカーバイドが使用されています。

エチレンは植物ホルモンの一つで、老化を促進します。植物の成熟を進め、栄養成長から生殖成長への転換を促すことができます。生殖成長へ切り替わると、花が咲くというわけです。ただし、開花した株は子株をつくった後、1年ほどすると枯れてしまいます。

〚アナナス類を薬剤処理で咲かせる〛

カーバイドなどの薬剤を葉筒の中に入れてアセチレンガスを発生させて人工的に花を咲かせます。アセチレンガスは引火性があるので、火の気がなく、戸外の風通しのよい場所で行うようにします。

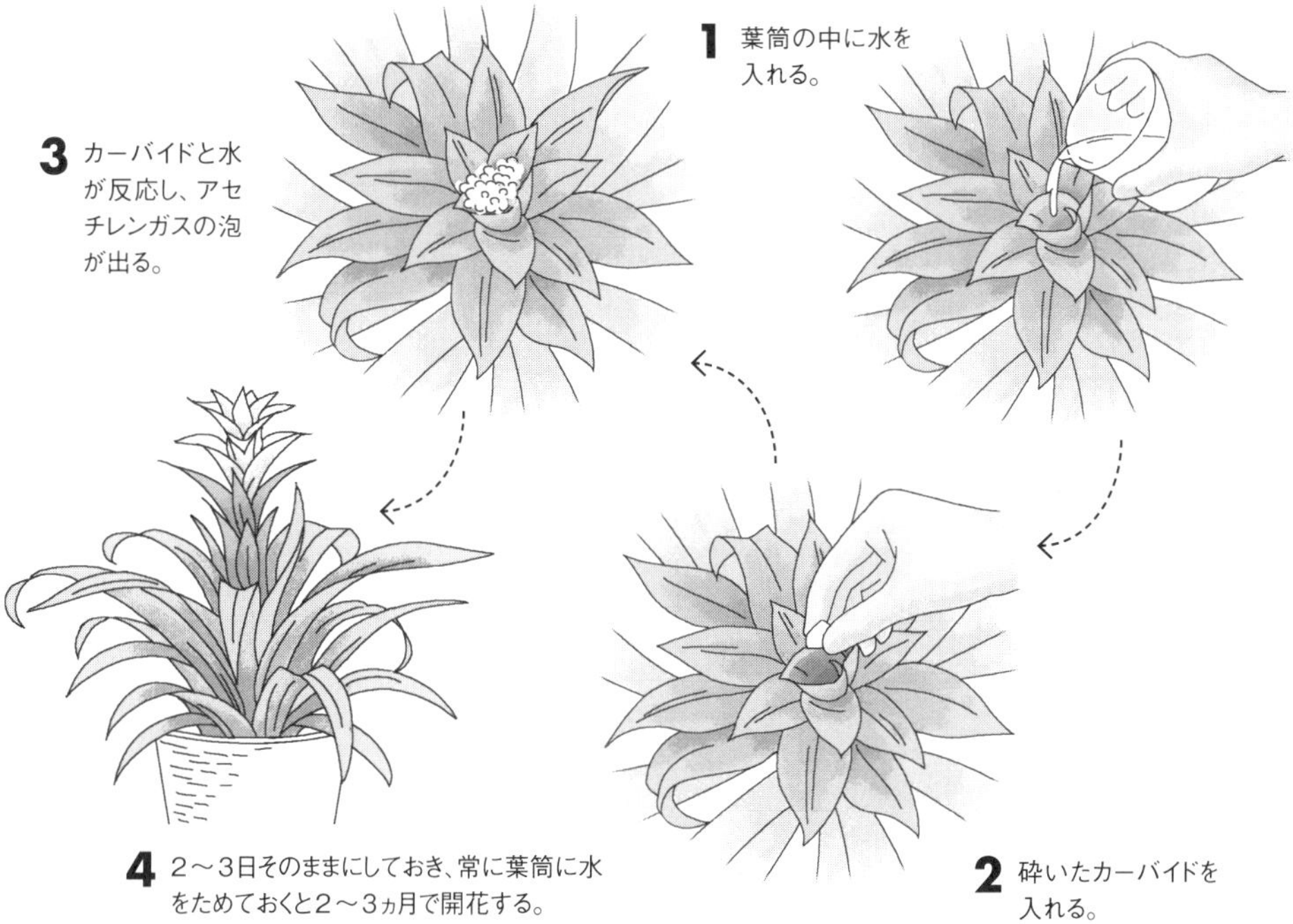
1 葉筒の中に水を入れる。
2 砕いたカーバイドを入れる。
3 カーバイドと水が反応し、アセチレンガスの泡が出る。
4 2〜3日そのままにしておき、常に葉筒に水をためておくと2〜3ヵ月で開花する。

〚葉が美しいサンセベリアのいろいろ〛

スキミタリフォルミス

グランディス

ローレンティー

（初級）
✿✿✿

なかなか花が咲かない植物はどうしたらよいですか？

開花までに時間がかかる植物もあります。

ここがコツ！

花がめったに咲かない植物は、栽培に時間をかけます。

なかなか花が咲かない代表的な植物に、多肉植物のリュウゼツランがあります。開花までに数十年も要するものもあるため、センチュリープラント（century plant、世紀の植物）とまで呼ばれています。成長が遅いことや栄養成長期が長く成熟するのに年数がかかることによると思われます。

花が咲くことが珍しい植物には、同様の性質をもったものが多いと思われます。従って、花を見たい場合は、気長に待つことが肝心ですが、早く花を咲かせるためには、栄養成長を進め、早く生殖成長に転換させる必要があります。

一般に、植物が花を咲かせるのは、後代に自らの命を継承することであり、生きていくのに厳しい環境になったり、寿命が長くないと感じ、花を咲かせタネを実らせることにあります。従って、正常な生育に不適な環境として、水やりを控えたり、温度変化を加えたり、肥料の項目のところで取り上げたような施肥を行います。そうすることにより、生殖成長への転換を早めることが可能になります。

〔リュウゼツランの開花〕

センチュリープラントと呼ばれるリュウゼツランは、建物の2～3階を超えるほど花茎が伸びることもある。

Chapter 5

ランの花をもっと咲かせるコツ

シュンラン

（初級）✿✿✿

ランの花を咲かせるには、どうしたらよいですか？

ここがコツ！

どこに生えるランかを知り、好きな環境を知ることがヒントになります。

生育適温、生育サイクルに合わせて育てます。

ランには、樹木の枝や幹、または岩に着生して生育する着生ランと、通常の草花や樹木と同様に地面に根を伸ばして生育する地生ランがあります。

カトレア、デンドロビウム、コチョウラン、オンシジウムなどが着生ランになり、パフィオペディルム、シプリペジウム（アツモリソウ、クマガイソウ）、シンビジウム（シュンランも含む）、シランなどが地生ランになります。それぞれ、生育の仕方や場所・環境が異なりますので、それに合わせた栽培法があります。

ラン科植物は熱帯から寒帯まで世界中に分布し、その生態もさまざまです。自生地がどこなのか、熱帯産なのか温帯産なのかを調べるとよいでしょう。

通常、多くのランでは、成長期と休眠期があり、成長期には新芽が伸び、葉を伸長させ、バルブと呼ばれる偽球茎を充実させます。休眠期に充実したバルブまたは茎から花茎を伸ばし開花します。

熱帯の雨期と乾期のある地域の自生ランでは、通常は乾期の間に花を咲かせ、結実させタネを実らせます。生育適期に発芽させるためです。通常、熱帯では、日本での晩秋の頃から早春にかけてが乾期です。従って、熱帯産の多くのランが冬から早春に開花します。ラン展が通常、冬から早春に開催されることからも、そのことがわかります。

このような**ランの生育サイクル**を**考慮しながら、温度管理、水やりや施肥などの管理をすることにより、ランの花をうまくたくさん咲かせることできます。**

着生ランの代表的な例

カトレアの花と構造

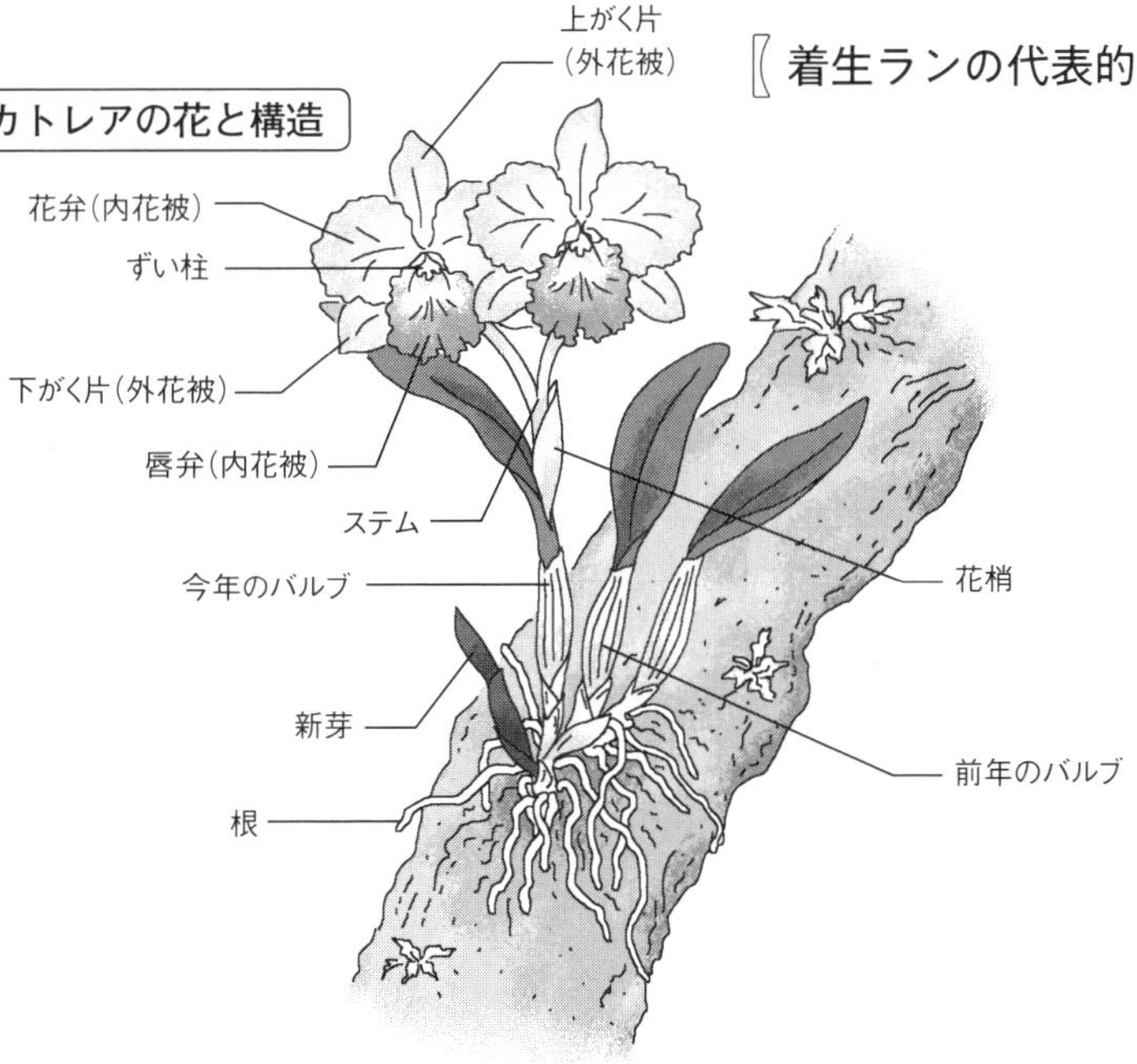
上がく片
(外花被)
花弁(内花被)
ずい柱
下がく片(外花被)
唇弁(内花被)
ステム
今年のバルブ
新芽
根
花梢
前年のバルブ

地生ランの代表的な例

シンビジウムの花と構造

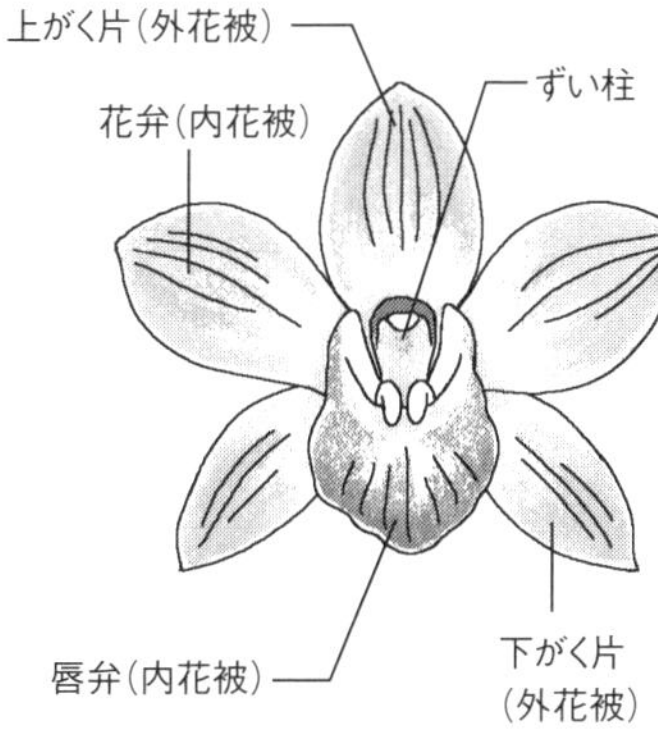
上がく片(外花被)
ずい柱
花弁(内花被)
唇弁(内花被)
下がく片
(外花被)

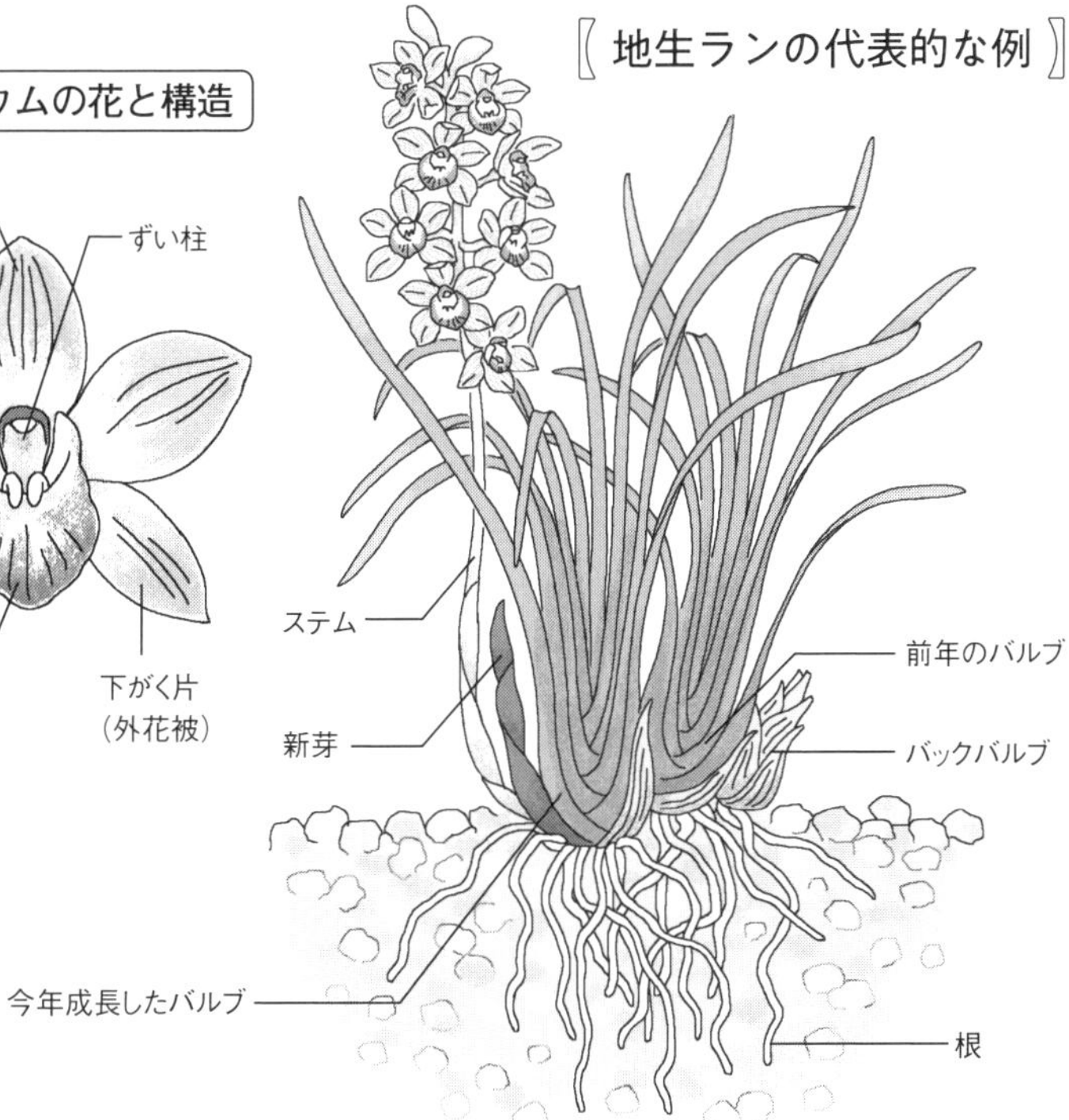
ステム
新芽
前年のバルブ
バックバルブ
今年成長したバルブ
根

（中級）✿✿✿

ランを育てるには、温室が必要ですか？

ここがコツ！

熱帯性のランは、10度以上の温度が望ましいのですが、冬は室内でも育てられます。

ランは生育に適した温度がないと花が咲きません。

ラン科植物で、花が美しくてよく知られているものは、その多くが熱帯産です。従って、栽培するためには故郷の気候に近い環境にしなくてはならないため、ある一定の温度が必要となってきます。

特に南アメリカの熱帯地域を原産地とするものが多く、カトレア、レリア、エピデンドラム、ソフロニティス、オンシジウム、リカステなどがあります。アジアからオーストラリア北部までを原産地とするものに、パフィオペディルム、シンビジウム、デンドロビウム、バンダ、コチョウラン（ファレノプシス）などがあります。

そのため、これらの主要なランでは、春から秋までは戸外でも大丈夫ですが、冬は室内に取り込まなければなりません。できれば、**日当たりのよい東南の窓際などに置きたいものです。**

冬に最低、どのくらいの温度が必要かというと、ランの種類によっても異なりますが、熱帯性のランであれば、できれば最低気温10℃以上は欲しいものです。ただし、エビネやシュンランのような温帯性のランは、戸外に地植えで栽培できるので、耐寒性もあります。

戸外で地植えにできるラン

ジエビネは、関東の平野部以西の温暖地なら、地植えで栽培できる。

（中級）✿✿✿

地植えでも育てやすいランはありますか？

ここがコツ！

シラン、ジエビネ、シュンランは、地植えでも育ちます。

放任してもよく咲くおすすめのラン。

地植えでも育ち、放任で咲くランといえば、シラン（紫蘭）でしょう。シランは本州中部以西に自生する日本のランです。本来、湿り気のある日当たりのよい草地に群落をつくり、強健で栽培も容易なので、日当たりのよい庭植えや花壇の縁取りにもよく使われます。

同様に日本に自生するシュンラン（春蘭）も強健なランで、シンビジウムの仲間です。西日の当たらない東側の半日陰の場所で、東に面した木陰に植えたいものです。春から秋まで、地面が乾かない下草のあるような場所を理想とします。

エビネも日本自生の野生ランで、特にジエビネと呼ばれる一般的なものは庭での地植えに適しています。地下にあるバルブ（偽球茎）が連なってエビ（海老）のように見えるので、この名前で呼ばれています。落葉樹の下など、午前中に日が当たる明るい半日陰で、水はけのよい場所に植えます。

シュンランやエビネは西日の当たらない半日陰と鉢植えでも楽しめます。水はけのよい用土に植えます。

〔地植えでもよく咲くラン〕

シランは地植え向きのランで、放任しても毎年咲く。

（上級）✿✿✿

コチョウランは年に1回しか咲かないのですか？

ここがコツ！

開花後に花茎を切り戻すと、もう一度花が見られます。

コチョウランは年に2度咲かせることができます。

コチョウラン（ファレノプシス属）の仲間は、熱帯アジアを中心にヒマラヤから台湾、南はオーストラリア北部までの広い地域に約50種が分布しています。鉢物として一般的なコチョウランは台湾原生の種（ファレノプシス・アマビリス）を中心に改良されているので、この種の特性に合わせて栽培します。

高温多湿を好むため、冬の温度は最低でも15℃以上は保ちたいものです。室内で栽培する場合、10月から4月はレースのカーテン越しに日の当たる場所に置き、5月から9月は自然光が入る明るい室内で直射日光を避けた場所に置きます。5月から9月に戸外で栽培する場合は、梅雨明けまでと9月は50～60％の遮光を、真夏は70％の遮光を行います。春から秋の生育期間中は過湿に気をつけ、資材が乾いたら水やりします。

通常、開花している鉢物を入手して花を楽しみ、**開花が終わったら花茎の基部から3～4節を残して切り取ると、残したわき芽が伸びて、もう一度花を咲かせることもできます。**栽培に適した場所で管理し、1000～1500倍程度の液肥を10～15日間隔で施しましょう。

コチョウランを２度咲かせる

花後に花茎を基部から3～4節を残して切り戻すと、切り戻した下から、また、花茎が伸びて開花する。

（中級）

ランは肥料の与え方で花つきが変わりますか？

ここがコツ！

置き肥と液肥を組み合わせると効果的です。

生育に合わせて肥料を使い分けます。

ランの施肥では、通常、3月下旬から6月の生育期に、月1回程度置き肥を施し、併せて1000〜2000倍の液肥を10〜15日に1回、株元に与えます。

置き肥はゆっくりと効きめが表れる遅効性の肥料を用います。代表的なものに油かすと骨粉を主体につくった有機質肥料が用いられます。

葉面散布用の液肥を葉に散布するのも効果的です。葉面散布は散布した液体濃度が高まらないよう、夕方から日没後に行い、新芽の先に水滴がたまらないように注意します。

花をつけるには、栄養成長から生殖成長への転換が必要なため窒素肥料を控えめに、また、夏以降に窒素分が残らないよう過肥は避けます。また、一般にランの施肥は他の植物に比べて、少なめが原則です。

成長の初期から中期には、緩効性の置き肥と速効性の液肥をうまく組み合わせて与えますが、液肥はやりすぎたり濃度が濃くなりやすいので気をつけます。液肥は1000〜2000倍の濃度のものを、生育期に月に1〜3回の割合で、水やりを兼ねて与えます。

バンダ類など、木枠バスケットやヘゴづけしたものでは、根が露出していますので、より薄い3000倍ぐらいの濃度の液肥を与えます。置き肥は1ヵ月ほどで効きめが薄れてきますので、1ヵ月に一度、新芽の伸びる方向と反対側の古いバルブのほうへ置きます。

このように液肥と置き肥をうまく組み合わせて使うとランがよく育ち、花が咲きやすくなります。

（上級）✿✿✿

シンビジウムは芽かきをしないと咲かないのですか？

ここがコツ！

花芽が多すぎると開花しないことがあります。

シンビジウムは芽かきで花つきが決まります。

シンビジウムはバルブ（偽球茎）という、圧縮されて球形となった茎の節から新たな芽が吹きます。この芽をどう整理するかが、花を咲かせる場合に重要です。

ほうっておくと次から次へと芽が吹いてきます。芽が多すぎると、一つひとつの芽に栄養が十分に届くことはなく、栄養分が分散してしまうので、花芽を形成できるような充実したバルブに育たなくなります。

シンビジウムの生産現場では、ワン・ツーづくり（1－2仕立て）といって、最初に購入した小さな苗（小さなバルブが一つ）を植えつけて、そのバルブから出てくる芽を最終的に2個だけ残し、他の芽をかく栽培方法が取られています。余分な芽をかき、残した2芽に養分を回して、その芽を太ったバルブに育て、花芽を2個ずつつけさせます。そうして、1鉢（1株）に4本の花茎を立てることを標準としています。

家庭で栽培する場合も、花後、葉ばかり茂って花芽が出ないことがあります。そのため、新芽の数を減らすように、**4～5月に1株に3芽ぐらい残し、弱い芽や芽が伸長する部分にスペースがないような芽をつけ根からかき取ります。残った芽に栄養分が回り、大きく育って花芽がつきやすくなります。**

また、花芽がついている場合、秋の10月頃に出てくる芽も花芽を伸ばすためにかき取ります。葉芽と花芽の違いは、先が尖っている場合は葉芽、先が尖っていないふっくらとした芽が花芽です。よく観察して見極め、花芽をかき取らないようにしましょう。

〚シンビジウムのワン・ツーづくり〛

1-2仕立てによる実際の完成例

1-2仕立て

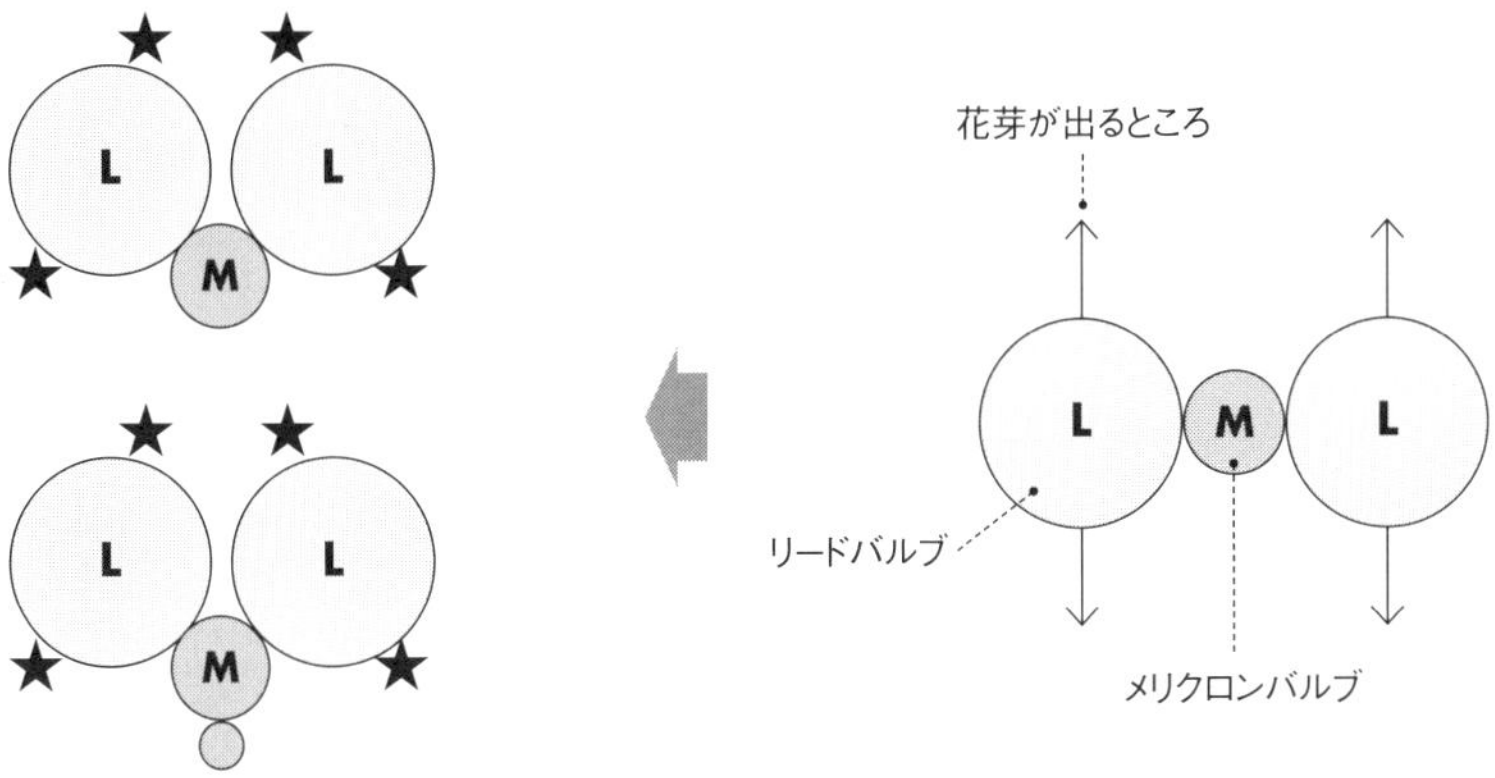
L
L
M
L
L
M
花芽が出るところ
L
M
L
リードバルブ
メリクロンバルブ

4本立ち ★は花茎

〚春の新芽かき〛

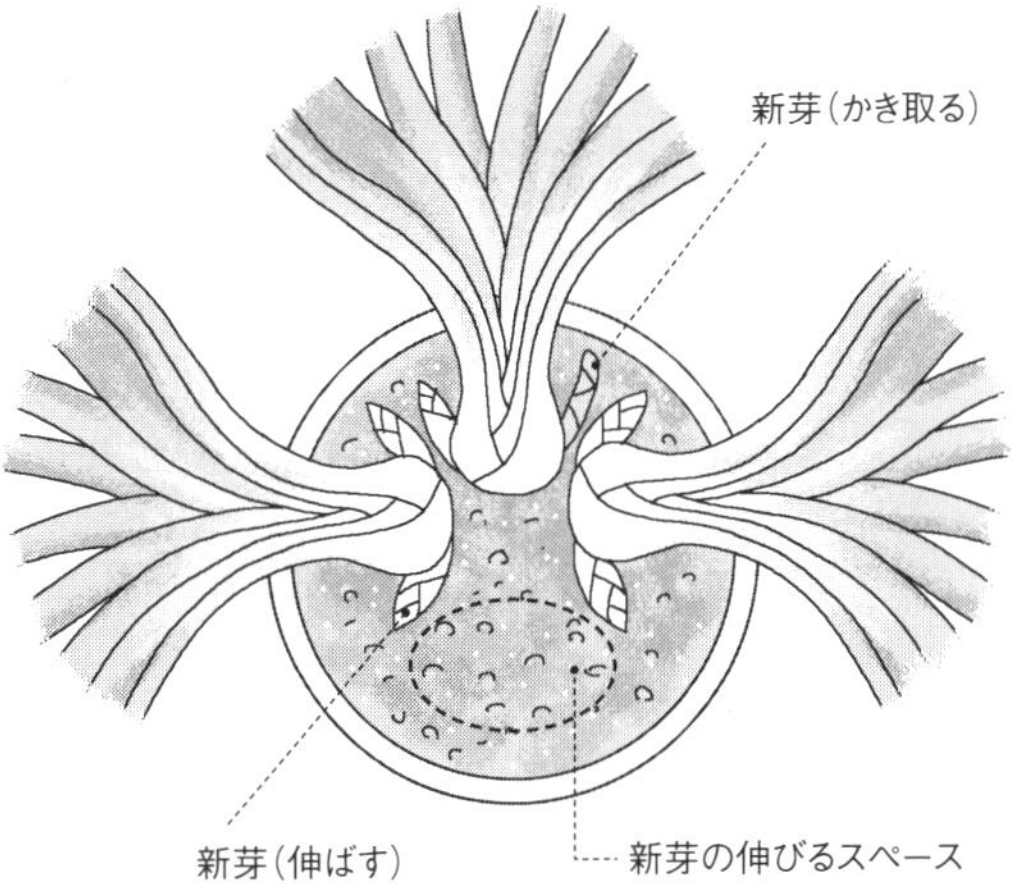
新芽（かき取る）
新芽（伸ばす）
新芽の伸びるスペース

バルブ数に関係なく、20cm鉢の場合、
2～3芽残してすべてかき取る。

〚芽かきの仕方〛

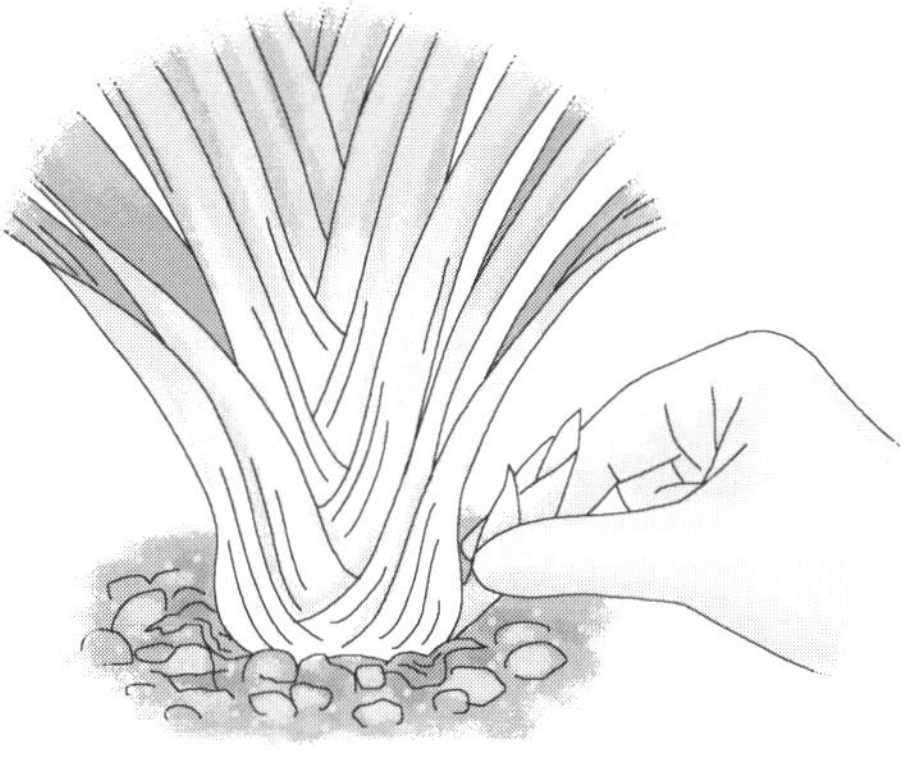

つまんで横に押して折る。

（中級）✿✿✿

ランを育てるには、何が必要ですか？

ここがコツ！

育てたいランの好む鉢や植え込み資材を用意します。

ランは種類によって、鉢や用土などの植え込み資材が異なります。

ラン科植物は熱帯から温帯、寒帯まで、また、木や岩に着生する着生種から地面に根を伸ばし生育する地生種まで、さまざまな環境に生育します。ですから栽培するには、それらの自生する生育環境に合わせた栽培・管理が必要となってきます。

つまり、種類によって、まったく異なる環境を好むので、鉢、用土などの植えつけ資材を工夫することになります。

鉢について、着生種では、通気性がよく乾きやすい素焼き鉢や木枠バスケットなどが適していて、鉢の大きさは少し小さめのものを用います。また、ヘゴ板や木片、木の枝に着生させ、栽培することもできます。それに対し、地生種では、乾かしすぎないようにプラスチック製の鉢が使われ、シンビジウムやパフィオペディルムなどをミズゴケや軽石などで栽培しています。

植え込み材料については、水はけがよければ、どんなものでも使用できますが、一般にはミズゴケ、バーク（樹皮）、日向土、発泡スチロール片、鉢かけ、ヘゴ片、軽石、パーライト、ピートモス、腐葉土などが用いられます。ミズゴケは、よく太った繊維質がしっかりした長いものが良質です。通常、乾いたミズゴケは使用の1日～半日前に軽く水を打って少し湿らせてから使用します。バークとは樹皮のことで、レッドバークやチップを半焼きにしたり、戸外で積み上げ風化させたものがあります。

地生種用には、日向土、軽石などの多孔質の粒状用土を主体に、腐葉土やピートモスを混ぜて使います。用土はふるいにかけて、みじん（微塵、微細な用土粒子）を取り除いてから用います。

着生ランのバンダの仲間（アスコセントラムやバンダとの交雑種のアスコセンダなど）の開花株では、木枠バスケットや素焼き鉢に、ヘゴ片、木炭、鉢かけなどに固定し植えつけます。根は気根として空気にさらされた状態で、空気中の湿気から水分を吸収します。子株はミズゴケを使って素焼き鉢に植えます。

代表的なランと植えつけ資材

カトレア

着生するタイプのカトレアは、主にミズゴケで植えつける。

シンビジウム

軽石を主体とした専用の用土が市販されている。

主なランと植えつけ資材、鉢

カトレア	ミズゴケ＋素焼き鉢
	軽石＋プラスチック鉢
	バーク＋プラスチック鉢
コチョウラン	ミズゴケ＋素焼き鉢
シンビジウム	軽石＋プラスチック鉢
デンドロビウム	ミズゴケ＋素焼き鉢
パフィオペディルム	軽石＋プラスチック鉢
オンシジウム	ミズゴケ＋素焼き鉢
バンダ	木炭＋木枠バスケット

（中級）✿✿✿

ちょっと変わったランはありますか？

ここがコツ!

ネジバナやフウランなど、一般的なランにはない、おもしろいランがあります。

ネジバナはランの仲間、フウランは風通しが悪いと花が咲きません。

晩春から初夏に日当たりのよい芝地やあぜ道などでらせん状に巻いて咲いている花は、れっきとしたラン科の植物で、**ネジバナ（別名モジズリ）**という日本を含む東アジア原産の山野草です。小さな花をよく見ると、ラン科特有のリップ（唇弁）があります。

フウランも日本を含む東アジア原産のランで、江戸時代から愛好されている伝統園芸植物です。「富貴蘭」ともいい、十一代将軍徳川家斉が熱心な愛好者だったといわれます。

ともに日本原産ですが、家庭で育てるとなると草花よりも難しくなります。一年を通して日当たりのよい場所で、鉢栽培で育てます。肥料はいりませんが、水ぎれに気をつけます。

特にフウランは、名前の「風蘭」にあるように、生育期に微風に当てることが大事です。鉢植えやヘゴ板につけて庭木につり下げたり、温暖な地域では、カキやウメなどの樹木に着生させて栽培したりします。

一風変わったランも楽しいものです。

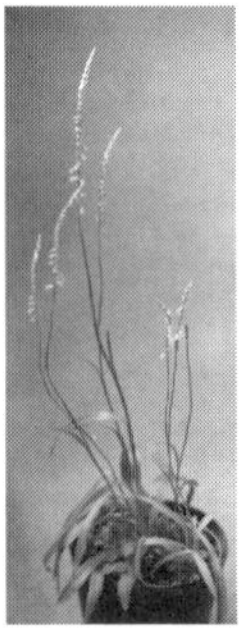

ネジバナ

拡大すると、ちゃんとランの花の形をしている

フウラン

風通しを好むため、ミズゴケを高く盛り上げて植える。

Column 3

サボテンの花はなぜ美しいか

花が多彩な色に見えるのは、太陽光のうち青から赤の範囲の光（可視光）が花弁の表面で反射したり透過すると、それが人の目に色として認識されるからです。

緑色をした葉は、葉の細胞内、葉緑体内のクロロフィル（葉緑素）という色素があることで緑に見えます。クロロフィルが太陽光の青と赤の光を主に吸収・利用して光合成を行っているからです。つまり、青と赤の光を吸収し、緑や黄緑の光を反射したり透過しているので、緑色に見えるのです。

同様に、花弁内にも特定の色を吸収したり、反射・透過させる色素があるため、多様な色に見えます。一般に、青、赤、ピンクなどに発色するものはアントシアニンという色素を含み、黄色やオレンジに発色するものは、カロテノイドという色素を含みます。

ところが、サボテンの花にはアントシアニンやカロテノイドを含まず、ベタレイン系の色素を含んでいます。その化学構造はアントシアニンやカロテノイドとは異なり、構造中に窒素（N）があることなどが大きく異なっています。また、ベタレインはその構造の違いによって、紫色系のベタシアニンと黄色系のベタキサンチンに分けられます。これらの色素名のベタは、学名ベタ・ブルガリスという、サトウダイコンやフダンソウから最初に発見されたことによります。サトウダイコンのサラダの赤紫から紫色のちょっと毒々しい色を思い出せる方もおられるかと思います。

この色素をもっている植物は、ある限られたグループに属し、かつてアカザ目（目は科の上級の分類群。アカザ目は現在、ナデシコ目になる）といわれたグループの植物だけが（ナデシコ科を除く）、このベタレイン系色素をもっています。以前の分類でいうと、サボテン科以外には、オシロイバナ科、ハマミズナ科、アカザ科、ヒユ科、スベリヒユ科などが含まれ、前述のサトウダイコンはアカザ科（現在はヒユ科）に入ります。茎や葉脈が赤や黄色になる観賞用のスイスチャードもサトウダイコンと同じ種で、その色もベタレイン系色素により発色しています。子どもの頃に花弁を水に浸たし、色水として楽しんだ、オシロイバナの花色もこの色素によります。ハマミズナ科にはマツバギク、リビングストンデージー、リトープス、コノフィツムなどの植物が属し、どれもとてもカラフルな花を咲かせます。

つまりサボテンの花は、多くの植物とは異なる色素をもっているので、花が鮮やかでカラフルなのです。

サボテン科のコリファンタ象牙丸の開花。

PROFILE **上田善弘**（うえだよしひろ）

岐阜県立国際園芸アカデミー前学長、同客員教授
1956年（昭和31年）、滋賀県生まれ。大阪府立大学大学院農学研究科修士課程修了。千葉大学園芸学部助教授を経て、岐阜県立国際園芸アカデミー学長。学長退任後は、同客員教授、花フェスタ記念公園理事。長年にわたりバラの分類、遺伝育種に関する研究に取り組む「バラ博士」。専門は花き園芸学、植物育種学、園芸文化論など。著書に『園芸「コツ」の科学』（講談社）、共著に『バラ大図鑑』（NHK出版）などがある。

STAFF

デザイン	庭月野 楓（monostore）
本文デザイン	金内智子、和田康子
写真撮影	弘兼奈津子
写真提供	澤泉美智子
本文イラスト	小紙陽子
カバー・本扉イラスト	水沼マキコ
編集協力	澤泉ブレインズオフィス（澤泉美智子）

育《そだ》てることがうれしくなる
もっと咲《さ》かせる 園芸《えんげい》「コツ」の科学《かがく》

2020年3月25日　第1刷発行

著　者	上田善弘《うえだよしひろ》
発行者	渡瀬昌彦
発行所	株式会社 講談社 〒112-8001　東京都文京区音羽2-12-21 電話　03-5395-3606（販売）　03-5395-3615（業務）
編　集	株式会社講談社エディトリアル 代表　堺 公江 〒112-0013　東京都文京区音羽1-17-18 護国寺SIAビル6F 電話　03-5319-2171（編集部）
印刷	株式会社新藤慶昌堂
製本所	株式会社国宝社

N.D.C.790　159p　21cm

ISBN978-4-06-519039-5